# HISTOIRE

DE LA

## TROISIÈME RÉPUBLIQUE

PAR

## Paul DE CASSAGNAC

PREMIÈRE PARTIE
### DICTATURE DE M. GAMBETTA

DEUXIÈME PARTIE
### PRINCIPAT DE M. THIERS

PARIS

E. LACHAUD & C<sup>ie</sup>, ÉDITEURS

4, PLACE DU THÉATRE-FRANÇAIS, 4

Tous droits réservés.

1876

# HISTOIRE

DE LA

## TROISIÈME RÉPUBLIQUE

PAR

PAUL DE CASSAGNAC

PREMIÈRE PARTIE
### DICTATURE DE M. GAMBETTA

DEUXIÈME PARTIE
### PRINCIPAT DE M. THIERS

PARIS
E. LACHAUD ET Cie, ÉDITEURS
4, PLACE DU THÉATRE-FRANÇAIS, 4

1876

Tous droits réservés.

2128.75. — BOULOGNE (SEINE). — IMPRIMERIE JULES BOYER.

A

# M. LE BARON DE GEIGER

SÉNATEUR DE L'EMPIRE

Mon cher et vieil ami,

*Je mets votre nom en tête de ce livre, qui vous est dédié, comme à l'homme que je respecte et que je vénère le plus.*

*Votre nom, symbole de l'honneur, du courage et de la fidélité, lui portera bonheur.*

*Que cet hommage, qui vous arrivera là-bas, chez vous, dans cette pauvre Lorraine, vous soit comme un écho de la mère patrie, comme un écho de tendre affection; et je serais content s'il pouvait, ne serait-ce qu'un instant, vous rendre heureux, vous faire oublier que vous espérez, que vous attendez.....!*

*A vous de tout cœur,*

**Paul DE CASSAGNAC**

# CHAPITRE PREMIER

## LE CRIME

### I

La révolution du 4 Septembre ne fut pas, comme ses auteurs ont voulu le faire croire, le résultat d'une émotion profonde et irrésistible, causée par la nouvelle subite du désastre de Sedan : elle fut un coup de main médité et préparé d'avance par les fauteurs incorrigibles des conspirations démagogiques dirigées contre l'Empire : Sedan en fut l'occasion, non la cause ; et la trahison du gouverneur militaire de Paris permit de l'exécuter.

L'historien n'a même pas à chercher ou à dégager péniblement les preuves de cette préméditation; les révolutionnaires l'avouent : « Quinze jours ou trois semaines avant que la « défaite se déclarât, dit M. Gambetta, j'ai fait « des efforts inouïs pour que la Chambre pro- « clamât devant le pays la déchéance de la « dynastie..... Cette combinaison a avorté, « parce qu'on avait affaire à des hommes ti- « mides et hésitants [1]. »

Le même aveu sort encore d'une autre bouche : « Quand l'armée a quitté Paris, des « faubourgs on venait nous dire : « Il n'y a « plus de force, il n'y a plus de troupes, nous « allons vous donner le pouvoir..... » Et, « pendant ce temps, que faisions-nous à « la Chambre ? Nous insistions auprès d'elle « pour qu'elle prît le pouvoir [2]. » Et à quel parti appartenait ce député qui poussait le

---

[1] Enquête parlementaire, déposition de M. Gambetta. — p. 547.

[2] Déposition de M. Garnier-Pagès. — P. 441.

Corps législatif à se substituer à la dynastie ? son nom le dit : c'est M. Garnier-Pagès.

Ainsi, avant le désastre de Sedan, et lorsque l'envoi de l'armée aux frontières permit aux fauteurs ordinaires de conspirations d'espérer la réussite d'un coup de main, ils en pressèrent l'exécution, secondés par les députés républicains de Paris, qui essayaient d'obtenir la complicité du Corps législatif.

Cette pensée de renverser par la violence des révolutionnaires concentrés dans Paris les institutions fondées et sanctionnées par la souveraineté nationale a été permanente sous l'Empire. Les attentats dirigés contre la vie de l'Empereur l'ont prouvé, mais les hommes politiques proprement dits, quoique en relation avec les clubistes, furent toujours arrêtés et contenus par la frayeur que leur inspiraient la force et la résolution du gouvernement.

L'armée de la révolte et du crime, un peu diminuée par les exécutions qui suivirent la chute de la Commune, s'élevait à environ cent mille hommes, dont trente mille sans moyens d'existence se réunissaient à l'émeute déjà déclarée, et dont trois mille étaient toujours prêts à commencer [1].

Dans cette armée, se trouvaient les *impatients* et les *anarchistes*, comme M. Jules Ferry les appelle, fort dédaigneux des vulgaires ambitieux qui sollicitaient leurs suffrages, et qui, en 1869, ne nommèrent M. Jules Favre qu'avec mauvaise grâce, et au deuxième tour [2]. Les chefs de ces sacripans imposaient leur contact aux députés de Paris, qui les admettaient à leurs réunions de la rue de la Sourdière. Millière et Delescluze y venaient[3].

La nouvelle des échecs de Forbach et de Reichshoffen exalta les meneurs, et, d'accord avec les députés de la gauche, ils méditèrent et préparèrent la révolution pour le jour même

---

[1] Déposition de M. Nusse, p. 224.
[2] Déposition de M. Jules Ferry, p. 382.
[3] Déposition de M. Crémieux, p. 576.

de la rentrée du Corps législatif, rappelé inopinément, le 9 août. Les révolutionnaires du dehors devaient disperser l'Assemblée ; et M. Jules Favre devait déposer sur la tribune une demande de déchéance. Le programme s'exécuta dans la limite du possible.

Vers quatre heures, des colonnes profondes d'insurgés, portant des drapeaux, débouchèrent sur le Corps législatif, par le quai et le boulevard Saint-Germain. Le plan était de proclamer la République sur la place de la Concorde. Déjà les bandes enveloppaient le Corps législatif, écoutant les harangues que M. Jules Ferry leur adressait du petit jardin donnant sur le quai, lorsque des charges de cuirassiers, dirigés par le maréchal Baraguay-d'Hilliers en personne, et un bataillon de ligne appelé par le président, M. Schneider, les dissipèrent.

Cet envahissement avait été concerté la veille, et, dès le matin, les ouvriers enrôlés par les clubs ne s'étaient pas présentés à leurs ateliers[1]. C'étaient les hommes qui reviendront le 4 septembre.

A l'intérieur du Corps législatif, les députés complices de l'émeute tinrent parole. M. Jules Favre monta à la tribune, et déposa la proposition de déchéance, signée par lui et ses amis, au nombre de trente-deux, parmi lesquels était M. Barthélemy de Saint-Hilaire, le confident de M. Thiers.

Deux députés de la majorité, M. Pinard et M. Granier de Cassagnac, interprètes de l'indignation de leurs collègues, se précipitèrent à la fois à la tribune; mais le député du Gers, qui avait demandé le premier la parole, réclama énergiquement l'exercice de son droit, et, tourné vers les signataires de la déchéance, il s'exprima ainsi :

« Je ne viens pas faire un discours, dans la circonstance actuelle ; mais je cède à un impérieux commandement de ma conscience,

---

[1] Déposition de M. Macé, p. 117.

en apportant ici ma protestation de citoyen et de député. »

Plusieurs membres : Très-bien !

Granier de Cassagnac. « L'acte qui vient de s'accomplir devant vous est un commencement de révolution..... » (Vive interruption à gauche.)

*Un membre à gauche.* — De salut ! *(Diverses interruptions.)*

M. Granier de Cassagnac. — « C'est un commencement de révolution donnant la main à un commencement d'invasion. Les Prussiens vous attendaient ! » *(Bruyantes exclamations à gauche.)*

M. Granier de Cassagnac. — « Lorsque Marmont, d'odieuse mémoire, vendit sa patrie, il ne fit rien de plus que vous... *(Bruit à gauche.)* Mais au moins, Marmont était un soldat, qui avait vu en face et de près les ennemis de son pays; tandis que vous, abrités ici derrière vos priviléges... *(Mouvement.)* vous proposez de détruire le gouvernement, de qui? de l'Empereur, qui est en face de l'ennemi ! » *(Bruit et exclamations.)*

M. Granier de Cassagnac. — « Nous sommes venus ici... *(Bruit croissant à gauche.)* Nous sommes venus ici sous la condition de notre serment, qui constitue notre caractère et qui crée notre inviolabilité... *(Bruit.)* Vous m'écouterez jusqu'au bout ! » *(Nombreuses et longues interruptions.)*

M. Granier de Cassagnac. — « Je ne suis pas à la tribune pour vous répondre, mais pour vous parler ! Nous sommes venus ici sous la condition de notre serment...

M. Girault. — Il n'y en a plus !

M. Granier de Cassagnac. — « Qui constitue notre caractère et qui crée notre inviolabilité ! Lorsque, par un acte révolutionnaire, on reprend son serment, on perd à la fois l'inviolabilité et le caractère qui en découle, pour rester de simples factieux ! »

M. Gambetta. — Il s'agit du salut de la patrie ! *(Violentes exclamations.)*

M. Granier de Cassagnac. — « Et je vous le déclare, si j'avais l'honneur de siéger au banc du gouvernement, vous tous, signataires de la proposition, vous seriez, ce soir, devant un conseil de guerre ! » *(Réclamations bruyantes et prolongées à gauche.)*

Ce langage énergique resta sans écho chez des ministres auxquels l'Empereur avait sacrifié la base même de son pouvoir, et qui succombaient le lendemain, après six mois d'impuissantes concessions prodiguées à une opposition irréconciliable, parce qu'elle était elle-même débordée ; car M. Thiers le déclare avec franchise : « La gauche n'avait pas été favorable « au ministère Ollivier[1] ; » mais si le cabinet du comte de Palikao, qui se forma le lendemain, avait agi avec la résolution qu'imposaient les circonstances, dissolvant la Chambre, prenant la dictature, et, mettant la main sur les brouillons, il serait resté maître de la situation, et, avec l'appui de l'Europe, il eût traité de la

[1] Déposition de M. Thiers, p. 4.

paix à des conditions infiniment moins dures et moins humiliantes que celles que le régime républicain a subies.

Toujours est-il que la révolution de 1870 fut un crime prémédité, essayé le 9 août, accompli le 4 septembre, avec le même plan, le même cynisme et les mêmes hommes.

## II

Deux causes principales en facilitèrent la perpétration. L'armement imprudent de la garde nationale et la trahison du gouverneur de Paris.

Cédant aux obsessions intéressées de la gauche qui cherchait des complices, le ministère du comte de Palikao livra des armes à cent mille gardes nationaux, qui vont s'en servir contre le pouvoir qui les lui confie.

Mais la déloyauté du général Trochu fut le point d'appui le plus ferme des révolutionnaires, et assura la réussite de leurs projets.

Le général Trochu, en vertu des pouvoirs que lui avait donnés le comte de Palikao, commandait le camp de Châlons, lorsque, dans un conseil tenu par l'Empereur, le 17 août, le prince Napoléon, en vue de contenir des troubles qu'il prévoyait devoir se produire à Paris, proposa de lui en confier le gouvernement militaire.

Le général Trochu, appuyant l'opinion du prince, dit à l'Empereur qu'on avait eu tort de n'avoir pas confiance en lui : « Il l'assura de « son dévouement, lui promettant que s'il « était envoyé à Paris comme gouverneur, « il agirait de manière à lui en donner des « preuves certaines[1]. »

---

[1] Déposition du maréchal de Mac-Mahon, p. 28.

L'Empereur, qui flairait le traître, ne répondit pas; il fit signe au maréchal de Mac-Mahon de le suivre dans son cabinet, et lui demanda s'il connaissait le général Trochu, et s'il pouvait avoir en lui confiance entière. Le maréchal se porta caution de son honneur et de sa fidélité, et l'Empereur le nomma.

En ce moment même, la pensée de l'Empereur était de rentrer à Paris, le 19, pour dissoudre l'Assemblée et concentrer le pouvoir dans ses mains; il aurait donc eu le gouverneur militaire sous son autorité, et il aurait pu le surveiller et le révoquer ; mais des conseils et des influences regrettables ayant déterminé l'Empereur à suivre l'armée, l'action du général Trochu, rentré à Paris avec les bataillons factieux de Belleville, se trouva sans contre-poids suffisant; et l'on verra qu'après avoir juré à l'Impératrice de se faire tuer sur les marches du trône pour sa défense, il suivit M. Glais-Bizoin à l'Hôtel de Ville, où il exigea et obtint la présidence du gouvernement insurrectionnel.

La nouvelle du désastre de Sedan arriva à Paris le 3 septembre, vers cinq heures du soir [1]. Elle détermina naturellement deux actions contraires : le gouvernement de l'Impératrice régente se préoccupa de défendre le pays et les institutions ; les conjurés de la gauche, sans se préoccuper des dangers que courait l'intégrité du territoire, songèrent uniquement à renverser l'empire et à s'emparer du pouvoir.

Deux ministres seuls recevaient les dépêches télégraphiques, M. Chevreau, ministre de l'intérieur, et le général Palikao, ministre de la guerre. Ce fut le ministre de l'intérieur qui porta la fatale nouvelle à l'Impératrice.

A l'un comme à l'autre, le concours immédiat, dévoué, absolu du gouverneur de Paris, à qui appartenait le maintien de l'ordre public, parut indispensable. Le général Trochu était établi au Louvre, à l'ancien ministère d'État.

M. Chevreau alla le trouver au nom du gou-

---

[1] Déposition de M. Jules Brame, page 193.

vernement tout entier, et le pria d'aller voir l'Impératrice. Il descendait de cheval et fit observer qu'il n'avait pas dîné.

Le ministre de l'intérieur insista sur la prière d'aller voir, au moins après dîner, la régente d'un État ouvert à l'ennemi, la souveraine dans l'angoisse de la captivité de l'Empereur. Revenu aux Tuileries à dix heures, le ministre dit à l'Impératrice, pour sa première parole : « Que vous a dit le général Trochu[1] ? »

L'Impératrice répondit : « Je ne l'ai pas vu[2]. »

L'opposition de gauche, mieux servie que le gouvernement, avait reçu à 10 heures du matin, le 3 septembre, une dépêche de Bruxelles, qui annonçait le désastre de Sedan[3]. Tout en la gardant secrète, elle s'en servit.

Une réunion eut lieu, à laquelle assistèrent de 31 à 33 députés. M. de Kératry,

---

[1] Déposition de M. Chevreau, page 267.
[2] Ibid.
[3] Déposition de M. de Kératry, page 655.

qui s'était déclaré publiquement l'ennemi de l'Empire, proposa de l'attaquer les armes à la main.

M. Grévy, MM. Jules Favre, Arago, Jules Simon se prononcèrent contre l'*action*, qu'ils trouvaient dangereuse pour leur parti; M. Gambetta s'abstint [1].

C'est pour hâter l'accomplissement des événements que les mêmes membres de l'opposition se rendirent, dans la soirée, au palais de la présidence de l'Assemblée, pour demander à M. Schneider de provoquer une séance de nuit. Avertis très-tard de ce grave incident, les ministres se rendirent chez le Président du Corps législatif et insistèrent pour que la prochaine séance demeurât fixée au lendemain 4 septembre, ainsi que l'avait décidé l'ordre du jour de la réunion ordinaire du 3. Des influences plus pressantes obtinrent la séance de nuit. Les députés furent convoqués à domicile vers dix heures, et, à

---

[1] Déposition de M. de Kératry, page 625.

minuit, le plus grand nombre se trouva réuni dans la salle des séances.

La lutte suprême était donc imminente. Comment s'y était-on préparé des deux côtés ?

L'attitude de l'Impératrice régente fut constamment dominée, durant cette crise fatale, par la pensée d'un devoir peut-être exagéré, qui était la subordination de l'intérêt dynastique à l'intérêt national.

En établissant la dynastie, la France se l'était incorporée, et, jusqu'à décision contraire de la souveraineté populaire librement formulée, il était illogique de les séparer.

Lorsque les 22,000 hommes commandés par le général Vinoy partirent pour aller appuyer l'aile gauche du maréchal de Mac-Mahon, on fit observer à l'Impératrice que ces troupes constituaient presque la seule garantie de l'ordre, contre un mouvement révolutionnaire sérieux. Sa Majesté répondit : « Ne pensez ni à moi, ni à la dynastie ; pensez à l'armée, pensez à la France. Je ne veux pas qu'on discute une pareille question. De quels remords ne nous chargerions-nous pas devant nos consciences et devant l'histoire, si nous nous disions un jour que la présence de ces 22,000 hommes aurait pu changer une défaite en victoire, et que nous les avons immobilisés dans Paris pour notre défense personnelle ? Ne perdons pas une minute, que le général Vinoy parte aujourd'hui même [1]. »

Ce patriotisme honorable, l'Impératrice le montra toujours : « Ne vous occupez pas de la dynastie, disait-elle sans cesse à ses ministres, occupez-vous seulement du pays. Si je croyais qu'en m'en allant je faciliterais la défense, je le ferais de suite. »

Quand on lui donna le conseil d'aller à Tours avec une partie du gouvernement, elle répondit : « C'est vrai, il faut organiser un gouvernement en dehors de Paris ; la Chambre ira, mais moi, je reste à Paris [2]. »

[1] Déposition de M. Chevreau, page 272.
[2] Déposition de M. Duvernois, page 226.

Il a couru, depuis le 4 septembre, des bruits sur les dispositions qu'avait montrées l'Impératrice pour abdiquer. Ces bruits sont faux. N'ayant en vue que le maintien de l'ordre et la défense du territoire, elle connut des démarches faites, pendant la nuit du 3 au 4, pour déterminer M. Thiers à prendre la présidence d'un conseil des ministres. M. Thiers refusa. Il ne voulait pas défendre le gouvernement impérial, mais prendre sa place. Quant à une abdication, la régente n'y pensa jamais, ni ses ministres non plus. « Autant que le peuple, qui a donné les pouvoirs dynastiques, dit avec raison M. Jérôme David, ne les a pas retirés, ils subsistent dans leur plénitude. Nous n'avions pas le droit de proposer une abdication à l'Impératrice qui, elle-même, n'avait pas le droit d'abdiquer [1]. »

Du reste, à la dernière heure, c'est-à-dire à la séance du 4, le président du conseil déposa

---

[1] Déposition de M. Jérôme David, page 160.

sur la tribune un projet de loi, aux termes duquel l'Impératrice régente, demandait l'organisation d'un conseil du gouvernement, formé de trois sénateurs et de trois députés, et donnait la lieutenance générale de l'Empire, au général comte de Palikao ¹. Ce fut le dernier acte du gouvernement impérial.

Pourvoir à la défense du territoire, et lui subordonner même la défense de la dynastie, tel fut le sentiment qui ne cessa de diriger l'Impératrice. Le dernier ordre qu'elle donna, dans le conseil tenu le 4 septembre au matin, ce fut de sauver le pays et de défendre le corps législatif ². « A cet ordre elle avait ajouté, dès le 3 au soir, celui de ne pas verser le sang du « peuple, même pour défendre sa vie ². »

« En quittant les Tuileries, dit l'un des ministres, nous prîmes les ordres de l'Impératrice pour savoir ce qu'il fallait faire dans l'intérêt de sa sécurité; car il n'était pas im-

---

¹ Déposition du général de Palikao, page 165.
² Déposition de M. Duvernois, page 223.

possible que les Tuileries fussent menacées dans la nuit. L'Impératrice nous fit cette réponse, qu'il fallait donner l'ordre à la troupe de ne pas tirer sur le peuple; qu'elle ne voulait à aucun prix, qu'une goutte de sang français fût versée pour la conservation de ses jours.

« Nous étions tous là quand l'Impératrice nous fit cette réponse [1]. »

Ce langage n'indiquait pas d'ailleurs de la part de l'Impératrice un pusillanime abandon d'elle-même : elle faisait son devoir, et elle ne doutait pas que le général Trochu, qui avait juré de la défendre, ne fît également le sien ; et elle dit à ses ministres : « J'ai vu ce matin le général Trochu; nous sommes à sa disposition, mais il faut compter sur lui. Nous le pouvons; je crois à ce qu'il m'a promis [2]. »

Il faut préciser, maintenant, les projets et les efforts des révolutionnaires.

[1] Déposition de M. J. David, page 154.
[2] *Ib.*, page 158.

Ce serait une grande erreur de croire, comme les principaux auteurs de la Révolution du 4 septembre se sont efforcés de l'accréditer, que le coup de main fût le résultat d'un effondrement spontané des institutions impériales. Il fut l'effet de la froide préméditation d'un groupe de députés républicains, et de la connivence de l'autorité militaire, qui avait sous sa responsabilité le maintien de l'ordre dans Paris. Conspiration d'un côté, trahison de l'autre, voilà tout le 4 septembre.

D'abord, le lecteur sait déjà que, le 3 septembre au soir, M. de Kératry avait fait la proposition d'une prise d'armes. M. Gambetta, qui avait encore peur, garda le silence en vue de la révolution du lendemain. Tous ces députés, au nombre de trente-trois, discutèrent et votèrent la liste des membres du futur gouvernement. C'est M. de Kératry qui le raconte [1];

---

[1] Déposition de M. de Kératry, page 658.

et, plus prudent ou plus expéditif que les autres, il offrit, au nom de ses amis, le ministère de la guerre au général Le Flô, qui ajourna son acceptation ².

Ainsi, la résolution du 4 septembre fut proposée, discutée et résolue en principe : le même accord présida à son exécution ; car les bataillons armés de la garde nationale qui facilitèrent ou qui accomplirent l'envahissement du Corps Législatif, s'étaient réunis sur une convocation et sur un mot d'ordre. Il n'y a aucun moyen de douter du fait ; des preuves nombreuses l'établissent, et les complices l'avouent.

Il fut trouvé dans la bagarre une lettre adressée par un maire de banlieue à M. Jules Simon ; et cette lettre, lue par un grand nombre de députés, notamment par M. Goërg, M. le comte d'Hésèques et M. Monnier de la Sizeranne, portait ceci : « J'ai l'honneur de vous ap-

---

¹ Déposition de M. de Kératry, page 650.

prendre que, selon votre désir, j'envoie à l'Assemblée la garde nationale, à midi [1]. »

Interpellé par M. le comte Daru sur l'existence de cette lettre, lue, selon M. Brame, par une quarantaine de députés, M. Jules Simon répondit : « Je ne crois pas avoir reçu cette lettre, en tout cas je n'en ai aucun souvenir [2]. » Mais, serré de plus près sur la réunion qui avait eu lieu sur la place de la Concorde, il fit l'aveu suivant : « Il est bien clair que, puisque cette manifestation a eu lieu, *un mot d'ordre avait été donné* [3]. »

M. le comte Daru s'exprime ainsi, au sujet du mot d'ordre donné aux bataillons révolutionnaires de la garde nationale : « Le matin, de bonne heure, des émissaires ont parcouru les faubourgs. Il paraît que le mot d'ordre a été transmis à tous les chefs de sections, et que rendez-vous a été donné à la Chambre pour

---

[1] Déposition de M. J. Brame, page 194.
[2] Déposition de M. J. Simon, page 493.
[3] *Ibid.*

deux heures. Des bataillons armés sont arrivés en effet ; je ne parle pas de ceux qui avaient été commandés pour défendre la Chambre, mais d'autres qui venaient, sans avoir reçu d'ordres, tambour en tête, et avec leurs armes [1].

D'ailleurs, tous les doutes sur ce mot d'ordre appelant la garde nationale hostile à se ruer sur la Chambre sont dissipés par M. de Kératry, le plus franc de tous les auteurs du 4 Septembre : « Le mot d'ordre, dit-il, était de venir sans armes ; et ce ne fut que lorsqu'on pressentit une certaine résistance, que certains groupes de gardes nationaux rentrèrent chez eux pour y chercher leurs armes..... Il n'y avait pas précisément de mot d'ordre ; c'était une entente entre les principaux journalistes de l'opposition. Je crois que M. Chaudey s'y trouvait, c'est par lui que j'ai appris ce que j'en sais [2]. »

---

[1] Cette observation, adressée par M. Daru à M. Glais-Bizoin, se trouve dans la déposition de ce dernier, page 610.

[2] Déposition de M. de Kératry, page 656.

Ces journalistes, ces révolutionnaires, qui se mettaient en relation avec les éléments insurectionnels, étaient naturellement en rapport direct avec les députés de la gauche. La déposition de M. Lagrange le constate « Des estafettes étaient envoyées à chaque instant à Belleville et à la Villette, et ces individus étaient en relation avec M. Gambetta. Je pourrais vous citer leurs noms.

« Il y avait dans la cour du Palais législatif M. Étienne Arago, qui donnait des ordres à chaque instant; M. Floquet, qui en faisait autant [1]. »

Quel pouvait être le résultat du choc prêt à se produire? L'issue en était évidemment subordonnée à l'attitude du gouverneur militaire de Paris. Que fera-t-il?

La défection du général Trochu, dans Paris dégarni de troupes, n'aurait évidemment laissé aucune chance à la résistance. Etait-elle à re-

---

[1] Déposition de M. Lagrange.

douter, après les engagements qu'il avait pris envers le gouvernement de l'Impératrice et envers l'Impératrice elle-même?

On a vu plus haut que le général Trochu n'inspirait pas une confiance entière à l'Empereur, et qu'il ne lui avait confié le gouvernement de Paris que sur garantie morale du Maréchal de Mac-Mahon. Le cabinet du comte de Palikao partageait le même défiance; et l'un des ministres, M. Duvernois, lui adressa, au nom du conseil tout entier, l'espèce de sommation suivante :

Général, le Conseil des Ministres me charge de vous apprendre qu'il doute de votre dévouement à remplir vos fonctions. Il vous demande de vous expliquer à ce sujet. »

Le général ayant parlé longtemps, selon son habitude, et sans répondre à la question, M. Duvernois revint à la charge, et lui déclara que la question serait posée dix fois de suite, s'il ne répondait pas d'une manière catégorique. Pressé ainsi, le général Trochu s'exprima en ces termes :

« J'ai lieu de m'étonner que l'on s'obstine à poser une telle question à un général français. En acceptant les fonctions de gouverneur de Paris, j'ai dû me placer en face de cette supposition, que la dynastie ou l'Assemblée pourraient être menacées ; et, « s'il en était ainsi, je réponds, avec ma vieille foi bretonne, que, pour défendre la dynastie, JE VIENDRAIS ME FAIRE TUER SUR LES MARCHES DES TUILERIES [1]. »

Sortant peu après du Conseil avec M. Jérôme David, le général ajouta, en parlant de l'Impératrice : « Cette femme est admirable, c'est une Romaine ; je suis très-impressionné de sa tenue : elle a tout mon dévouement. — Puis-je aller répéter vos paroles ? » demanda M. David. — « Certainement, » répondit le général [2]. »

Telles étaient les promesses : nous verrons les actes.

---

[1] Déposition de M. J. Brame, p. 201.
[2] *Ibid.*

## III

On peut dire que l'attentat du 4 Septembre commença le 3, à minuit, par la déposition que M. Jules Favre fit sur la tribune d'une demande de DÉCHÉANCE. Le mot d'ordre des bandes était trouvé, et elle n'auront pas d'autre cri de ralliement.

On sait déjà que, cédant aux obsessions de la gauche et surtout à la pression de M. de Kératry, M. Schneider avait fait porter aux députés, entre dix et onze heures, le 3, au soir, une convocation à domicile, pour une séance indiquée à minuit. Aucun ministre n'avait été prévenu. Le cabinet n'avait donc arrêté aucune résolution, ayant réservé le parti à prendre pour le Conseil du lendemain matin, et l'action à exercer sur la Chambre pour la séance du 4, fixée à midi. Pris à l'improviste, et informé que M. Thiers devait produire la demande d'un Conseil de gouvernement, fondé sur la *vacance du pouvoir*, le président du Conseil, après avoir entendu M. Thiers et M. Jules Favre, se borna à demander le renvoi de toute discussion à la séance du lendemain, pour avoir le temps de délibérer, de prendre les ordres de l'impératrice, et de soumettre à l'examen et à l'approbation du Corps législatif, la résolution de la Régente. La séance fut indiquée pour deux heures.

Ce fut en cet état des questions et des choses que commença la journée du dimanche 4 septembre.

Le Conseil des Ministres se réunit à 7 heures.

On y prit deux résolutions. La première, de proposer, au nom de la Régente et sous son autorité, un Conseil du gouvernement, composé de trois députés et de trois sénateurs, avec la lieutenance générale au général comte de Palikao; la seconde, de défendre le Corps législatif, avec les forces de police dont on disposait, sauf à les voir compléter par celles dont disposait de son côté le gouverneur de Paris, dans la main duquel on était, selon la remarque de l'Impératrice, mais qui avait mis dans ses obligations d'honneur de défendre l'Assemblée et la dynastie.

Le gros des services de la police fut placé autour du Corps législatif, et sur le pont de la Concorde, avec mission de la barrer. C'était un corps de 800 hommes, sans compter les officiers et les chefs des services civils, et environ 200 inspecteurs [1]. La gendarmerie départementale gardait le quai et la place de Bourgogne, et une compagnie d'infanterie occupait la cour d'honneur. Toute cette troupe, formée d'anciens soldats, était calme et résolue, inaccessible aux suggestions comme à la crainte, quoiqu'on eût appris le matin que les clubs de

---

[1] Déposition de M. Piétri, p. 256.

Lyon, avertis par les meneurs de Paris, venaient de se déclarer en République [1].

Les clubistes de Belleville et de la Villette, qui accoururent vers 11 heures, se trouvèrent ainsi arrêtés. Lorsque la place de la Concorde se fut couverte d'arrivants, et que les passions y eurent acquis un degré d'animation suffisant, la foule tenta de forcer le passage du pont; mais la force armée résista et refoula énergiquement les envahisseurs en arrière. C'est en vain que les journalistes de l'opposition, réunis sous la colonnade du Palais législatif, agitaient leurs mouchoirs et faisaient des appels pressants aux clubistes situés sur l'autre rive; rien ne passait et ne serait passé, grâce à la résistance d'une troupe fidèle. Un officier de paix, aussi honnête que résolu, signala à M. le général Lebreton, l'un des questeurs, ce scandale des journalistes engageant publiquement les révolutionnaires à violer l'enceinte législative. Ce dernier invita

[1] Déposition de M. J. David, p. 155.

de voix vive M. Macé à faire évacuer le péristyle ; mais un ordre écrit lui ayant été demandé, le général Lebreton le refusa, et M. Macé ne put agir [1].

On arriva ainsi à l'ouverture de la séance ; la foule révolutionnaire, grossie de la garde nationale hostile, essayant de pénétrer jusqu'au Corps législatif, et la troupe lui barrant fermement le chemin. Alors, arrêté dans ses desseins, M. de Kératry se leva et demanda que les troupes de police qui gardaient l'Assemblée fussent relevées et remplacées par la garde nationale. Cette motion, dont la pensée secrète fut aisément pénétrée, fut accueillie par la majorité avec le dédain qu'elle méritait.

Cependant les choses marchaient parallèlement, au dehors comme au dedans. Au dehors, l'émeute continuait ses efforts pour pénétrer ; au dedans, la séance continuait. M. Jules Favre venait de demander

---

[1] Déposition de M. Macé, p. 118.

la priorité pour sa proposition de déchéance, le général de Palikao donnait lecture du projet instituant un conseil de gouvernement, sous l'autorité de la régente, et M. Thiers, arrêté par la fidélité du Corps législatif, venait de modifier sa proposition cauteleuse de la veille ; au lieu des mots : *vu la vacance du pouvoir*, que la gauche avait signés, mais dont la Chambre ne voulait pas, il avait commencé sa proposition par les mots : *vu les circonstances*, escobarderie digne de son auteur, et pour laquelle il espérait un meilleur accueil. La Chambre décida que les trois propositions seraient envoyées à l'examen des bureaux, qui nommeraient une commission, et les députés se retirèrent immédiatement dans leurs lieux de réunion respectifs. Cette délibération commença vers deux heures et demie, et c'est pendant sa durée que le crime s'accomplit.

Ainsi qu'il a été dit, la troupe restait inébranlable. En cet état des choses, l'opposition s'adressa aux questeurs, et leur demanda un ordre aux troupes de police, pour qu'elles eussent à se retirer, et à céder leurs postes à la garde nationale. M. le général Lebreton eut la faiblesse et le malheur de céder. Il s'entretint avec les commissaires de police, et les engagea à faire retirer la garde municipale et les sergents de ville ; plus fermes et plus sensés, les commissaires de police lui répondirent que, leurs forces étant sur la voie publique et non dans l'enceinte du Corps législatif, elles ne relevaient pas de l'autorité des questeurs, mais de l'autorité militaire.

En présence de ce refus, on s'adressa au général Caussade, qui commandait les forces envoyées pour protéger l'Assemblée. Celui-ci donna l'ordre aux troupes de police de se retirer[1]. Aux respectueuses observations des commissaires de police sur les conséquences immédiates d'une mesure qui ouvrait aux ré-

---

[1] Déposition de M. Duvernois, p. 123. — Déposition conforme de M. Mouton, p. 231.

volutionnaires les portes du Corps législatif, le général Caussade répondit qu'il n'y avait pas à répliquer, mais à obéir[1]. La police obéit, et la Chambre fut immédiatement envahie !

M. le général Le Flô caractérise ainsi ce moment : « J'ai été témoin de l'invasion de la « Chambre par CETTE HORDE DE SCÉLÉRATS « que nous avons retrouvés dans la Com- « mune, que nous avons attaqués et heu- « reusement vaincus à Paris.[2] » C'étaient les fondateurs de la République.

L'histoire ne doit pas négliger de dire que ce général Caussade avait été nommé par le général Trochu, et que lorsque, quelques années plus tôt, le maréchal Niel voulut le nommer à Lyon, le général Palikao avait refusé de l'accepter comme commandant de place[3].

---

[1] Déposition de M. Piétri, p. 258.
[2] Déposition du général Le Flô, p. 620.
[3] Déposition de M. Duvernois, p. 123.

Ainsi s'accomplit le crime, pendant que le Corps législatif, absent de la salle de ses séances, délibérait dans ses bureaux. Les meneurs, restés ou revenus dans l'enceinte, en facilitèrent l'accès aux clubistes. « J'ai vu, « de mes yeux vu, dit le général de Palikao, « je l'affirme, et je l'atteste, M. Gambetta « faire un signe aux hommes qui avaient « envahi les tribunes. Ils se mirent à des- « cendre alors le long des colonnes, et ils « envahirent la Chambre [1]. »

M. Gambetta avait besoin de l'appui de l'émeute pour vaincre ses hésitations ; car son plus énergique instigateur eut de la peine à le pousser à la tribune, et ce ne fut pas sans hésiter longtemps qu'il y proposa la République. « Les secrétaires du Corps législatif, dit M. de Kératry, ont recueilli les paroles pressantes que j'adressai à M. Gambetta, qui, étonné, fiévreux, ne se hâtait pas assez dans ses conclusions... son hésitation était facile à

---

[1] Déposition du général Palikao, p. 167.

saisir : il restait flottant entre le désir prudent de réserver le mot de République, par crainte de la compromettre dans des désastres pressentis, et entre la nécessité qui imposait de plus en plus de la proclamer[1]. »

Sortons de ce sanctuaire profané par l'émeute, où des énergumènes méditent et essayent même des assassinats ; car ce n'est pas sans de généreux et d'énergiques efforts que M. de Sercey, ancien colonel d'état-major, arracha M. le général de Palikao et M. Schneider aux plus extrêmes et aux plus odieuses violences[2].

Qu'avait fait le général Trochu, gouverneur militaire de Paris, pour la sécurité de l'Assemblée et de la régente ? On va le voir.

L'autorité dont le général Trochu était investi faisait de lui l'arbitre suprême de l'ordre. Frappés du danger que courait l'Assemblée

---

[1] Déposition de M. de Kératry, p. 650.
[2] Voir la lettre de M. de Sercey dans la déposition de M. le général de Palikao, p. 168.

dès onze heures du matin, les questeurs se rendirent au Louvre, pour faire appel au concours du gouverneur de Paris. Le maréchal Baraguey-d'Hilliers, malgré son grand âge, avait eu raison de l'émeute du 9 août, quoique aussi bien organisée et aussi forte. Le général Trochu fit d'abord attendre les questeurs plus de trois quarts d'heure, et les éconduisit ensuite en alléguant qu'il avait sssayé vainement de se rendre au Corps législatif, et qu'il en avait été empêché par la foule. Quelques instants après, M. Estancelin, député, vint aussi faire appel au patriotisme et aux plus vulgaires devoirs du gouverneur : il reçut la même réponse, à laquelle le député fit cette réplique naturelle : « Mais pourquoi donc ne pourriez-vous pas aller à la Chambre, puisque j'en viens [1] ? » On pouvait donc traverser cette foule, sans avoir, comme le général Trochu, pour se la faire ouvrir, des soldats et des canons.

[1] Déposition de M. J. Brame, p. 195.

Ainsi, malgré ses serments, le gouverneur de Paris refusa d'aller au secours des représentants légaux du pays. Alla-t-il, pour protéger la régente, se faire tuer sur les marches des Tuileries ? Pas davantage.

Dès que la curée fut ouverte, toute la meute s'y rua. Lorsqu'il poussait M. Gambetta à proclamer la République, M. de Kératry était certain qu'en se rendant à l'Hôtel de Ville ils rencontreraient le général Trochu en route [1]. Ils le rencontrèrent en effet.

M. Jules Simon, M. Jules Ferry et M. de Kératry, qui marchaient en tête des bandes, trouvèrent « sur le quai des Tuileries, en face « du Conseil d'État, le général Trochu à che- « val, entouré de son état-major. Il était évi- « dent, ajoute le narrateur, qu'il attendait « là que les événements s'accentuassent [2]. » Si les meneurs connaissaient aussi exactement les sentiments du général, c'est que quelques

---

[1] Déposition de M. de Kératry, page 650.
[2] *Ibid.*

jours auparavant, M. Jules Favre, M. Picard et M. de Kératry avaient eu avec lui une conférence [1]. Cette rencontre du gouverneur de Paris avec M. Ferry et M. Jules Simon amena entre eux un entretien, à la suite duquel le général Trochu rentra au Louvre et attendit ce qui allait se passer à l'Hôtel de Ville. Il n'attendit pas longtemps.

Arrivé le premier à l'Hôtel de Ville avec M. de Kératry, M. Gambetta proclama la République, et lut les noms des membres du gouvernement provisoire, discutés et adoptés le 3 au soir, à la réunion de la rue de la Sourdière [2], et comme il fallait à ce gouvernement une tête et un bras, on envoya chercher le général Trochu.

C'est M. Glais-Bizoin qui accomplit cette mission. Elle est trop curieuse pour que l'histoire n'en fasse pas un fidèle récit.

---

[1] Déposition de M. de Kératry, page 650.
[2] *Ibid.*, page 651.

« J'allai chez lui, dit M. Glais-Bizoin, et je le fis demander. Il vint ; je lui expliquai l'objet de ma mission, il réfléchit. Je lui dis : « Général, il n'y a pas un instant à perdre ; « il faut que vous veniez à l'instant à l'Hôtel « de Ville. Votre présence y est nécessaire ; « nous venons vous demander votre concours. « Vous avez une autorité qui pourra contenir « la population de Paris. »

« Le général resta immobile pendant quelques instants ; il n'y a pas de réflexion à faire, il faut partir. Il me regarda avec une certaine émotion, prit son chapeau et nous descendîmes. Il entra avec moi dans la voiture qui m'avait conduit et nous partîmes pour l'Hôtel de Ville [1]. »

A l'heure où le général Trochu suivait M. Glais-Bizoin à l'Hôtel de Ville, l'Impératrice était encore aux Tuileries. Celui qui devait mourir pour la défendre accomplissait la

---

[1] Déposition de M. Glais-Bizoin, page 611.

plus noire trahison, sans que le tentateur eût fait naître le moindre scrupule dans son âme. « Il n'y a pas de réflexion à faire, » lui avait-on dit en effet, et il n'en fit pas ; « il prit son chapeau et il descendit. »

Lorsque la garde nationale nouvellement formée et avinée eut ouvert à l'émeute l'enceinte du Corps législatif, le ministre de l'intérieur, M. Henri Chevreau, se rendit aux Tuileries auprès de la régente, lui annonça l'envahissement de la Chambre, et, ne pouvant plus rien comme ministre, il lui offrit son dévouement personnel.

Il était environ trois heures [1]. Sa Majesté avait près d'elle M. le prince de Metternich et M. Nigra. Afin d'être aussi exactement que possible informée de la situation des choses, elle donna l'ordre au chambellan de service, M. de Lezai Marnésia, de se rendre à la Préfecture de police et d'en ramener le préfet,

---

[1] Déposition de M. Henri Chevreau, page 270.

M. Piétri. Celui-ci se rendit aux Tuileries avec toute la promptitude possible, après avoir mis la Préfecture en état de défense et donné à ses principaux chefs de service les instructions que les circonstances comportaient[1].

La foule hostile et hurlante, excitée par tout ce que Paris contient de misérables et de révolutionnaires, entourait les Tuileries de toutes parts. Le mot peuple serait impropre, appliqué à ces attroupements hideux et féroces ; il faudrait le nom donné par le général Le Flô aux envahisseurs du Corps législatif, c'est-à-dire le nom de brigands. Les portes des Tuileries étaient closes et gardées ; mais les bandes débordaient et ébranlaient les grilles du carrousel, et, au moment de l'arrivée de M. Piétri, les deux ambassadeurs d'Autriche et d'Italie pressaient vivement l'Impératrice de quitter le palais. M. le ministre de l'intérieur joignait

---

[1] Déposition de M. Piétri, page 259.

ses instances aux leurs. Sa Majesté résistait très-énergiquement[1].

M. Piétri, interrogé à son tour, déclara qu'il n'y avait pas à hésiter, et que le départ était indispensable, le palais ne pouvant pas manquer d'être envahi.

Quoique la Chambre des députés eût été envahie, qu'un gouvernement insurrectionnel se fût proclamé lui-même à l'Hôtel de Ville, et que l'Impératrice régente eût dû quitter les Tuileries, une bonne partie des membres du Corps législatif résistaient encore, dans la mesure où la lutte leur était possible. Il a été déjà dit que, lorsque l'émeute avait pénétré dans le palais, la salle des délibérations était à peu près complétement vide, les députés se trouvant alors en délibération dans les bureaux. La précipitation avec laquelle la République était proclamée et la promptitude avec laquelle tous les ambitieux de la gauche étaient

---

[1] Déposition de M. Piétri, page 259.

partis pour l'Hôtel de Ville, suivis des bandes révolutionnaires, produisit un vide nouveau au Corps législalif. Alors, un assez grand nombre de députés, s'étant rencontrés dans les couloirs, eurent la pensée de tenir une séance, afin de protester contre la violence dont ils avaient été l'objet. Ce fut M. Dréolle qui prit l'initiative de cette réunion, laquelle eut lieu dans la salle à manger de M. Schneider, et sous la présidence de M. Thiers. Cent cinquante députés environ y assistèrent [1].

Les paroles les plus dignes et les plus fermes y furent prononcées contre les brutalités qui venaient d'être accomplies ; et M. Grévy fut envoyé à l'Hôtel de Ville, avec quelques collègues, pour vérifier dans quelle mesure les meneurs auraient pu être disposés à rentrer dans la légalité, en collaborant avec une commission du Corps législatif au maintien de l'ordre et à la défense du pays. M. Grévy revint après avoir été poliment éconduit ; et,

[1] Déposition de M. Dréolle, page 233.

vers six heures, M. Jules Favre et M. Glais-Bizoin vinrent en personne confirmer les refus du Gouvernement de l'Hôtel de Ville, et mettre les scellés sur les portes de la Chambre.

Les mêmes députés, indignés mais non découragés, se réunirent de nouveau, le 5 septembre, chez M. Johnston, au nombre de cent cinquante. Ils nommèrent une commission de sept membres, comprenant MM. de Talhouët, Buffet, Johnston, Lefébure, Daru, Josseau et Dréolle, pour formuler une protestation contre la Révolution ; et, en attendant qu'elle pût être rédigée, tous ces députés donnèrent leur signature sur une feuille de papier blanc [1]. Inquiet de cette résistance, le préfet de police, M. de Kératry, envoya des aventuriers armés chez M. Johnston par ordre du ministre de l'intérieur, M. Gambetta, afin de couper court à toute réunion ultérieure de sénateurs ou de députés [2].

---

[1] Récit de M. Daru, dans la déposition de M. Dréolle, p. 234.

[2] Déposition de M. de Kératry, p. 652.

Ainsi tomba le gouvernement impérial, renversé par une odieuse émeute faite en présence de l'ennemi. Les vils ambitieux qui la fomentèrent durent leur victoire aux Prussiens, car l'Empereur prisonnier n'avait pu défendre les institutions, et l'Impératrice régente, trahie par le gouverneur de Paris, n'avait pu protéger ni le Corps législatif, ni le sénat, ni elle-même.

Absorbée par la défense du sol, désorganisée par une administration démagogique, la France n'avait aucun moyen de se soustraire à l'humiliation que lui imposait la tourbe de Paris.

## CHAPITRE DEUXIÈME

L'ORGANISATION DU DÉSORDRE.

### I

Lorsque, après sa conversation avec le général Trochu, sur le quai des Tuileries, M. Jules Favre poursuivit sa marche et atteignit le but de sa course, l'Hôtel de Ville était déjà envahi.

M. Gambetta y avait proclamé la République, et l'on jetait à la foule, par les fenêtres, des petits papiers contenant les noms des membres de ce gouvernement d'intrus. M. Jules Favre et ses collègues ont prétendu que, pour mieux maintenir l'ordre par l'exclusion des énergumènes, ils s'étaient résolus à n'admettre dans ce gouvernement que les membres de la députation de Paris. Les faits[1] démentent cette assertion.

Le gouvernement du 4 Septembre avait été, comme on l'a déjà vu, nommé à la réunion de la rue de la Sourdière. Si on l'avait choisi en vue de maintenir l'ordre, on y aurait admis quelques hommes importants de la gauche, déjà compromis dans la révolution ; et si on avait uniquement composé le pouvoir dirigeant, avec les représentants de Paris, on y aurait mis M. Rochefort, qui fut, non choisi, mais subi ; si bien que, lorsque les émeutiers qui l'avaient tiré de prison le portèrent à l'Hôtel de Ville, M. Jules Favre expliqua la résignation de ses amis et la sienne, en disant que

---

[1] Déposition de M. Jules Ferry, page 383.

M. Rochefort était encore moins dangereux dedans que dehors [1].

La vérité est que les membres du gouvernement nouveau avaient peur des provinces, où l'empire avait pour lui l'appui des populations. Ils se crurent en état de dominer et de diriger Paris, qui les avait nommés, et de se servir de l'influence immense de la capitale, où se sont toujours faites les révolutions, pour en imposer une nouvelle à la France. Leur illusion ne sera pas longue; et ils ne tarderont pas à s'apercevoir que ce qui, en l'absence d'un pouvoir fort, maîtrise Paris, c'est non pas cette république prétentieuse, bavarde et mollasse des avocats, des professeurs et des écrivains de revue, celle des Jules Favre, des Ernest Picard, des Jules Ferry, des Emmanuel Arago, des Jules Simon et des Pelletan; mais la République des assassins et des gens de sac et de corde, celle des Delescluze, des Ranc,

---

[1] Déposition de M. Jules Ferry, page 383.

des Millière, des Félix Pyat et des Flourens.

Une fois le gouvernement installé, sous la présidence du général Trochu, qui avait exigé cet honneur, on renvoya au 5 la distribution des ministères. Un seul fut disputé, c'est le ministère de l'intérieur. M. Picard l'ambitionnait : il fallut aller aux voix, après une longue discussion, dans laquelle la politique violente prévalut; M. Gambetta obtint cinq voix, contre trois; et il eut le ministère de l'intérieur, où il s'était d'ailleurs établi dès la veille au soir.

La première chose qui s'imposa après l'établissement du gouvernement, ce fut l'organisation administrative de Paris, c'est-à-dire la police, les mairies et la garde nationale.

La préfecture de police échut à M. de Kératry, homme de résolution et de précaution à la fois; car, avant de courir la chance de la prendre, il commença par se la faire donner par M. Gambetta. Il s'y présenta, accompagné d'une dizaine de gardes nationaux [1], après que

[1] Déposition de M. de Kératry, page 651.

M. Piétri, appelé par l'Impératrice aux Tuileries, en eut laissé la garde à des chefs de service honnêtes et courageux, mais qui, en l'état des choses, n'avaient plus un pouvoir debout à défendre. La préfecture fut livrée à M. de Kératry, qui avait déjà pour son secrétaire général M. Antonin Dubost, lequel avait, de son côté, pour son secrétaire particulier Raoul Rigaud [1]. Ces deux acolytes, instruments de M. Gambetta, avaient été acceptés de confiance par M. de Kératry, qui ne connaissait ni l'un ni l'autre, et qu'on lui avait adjoints pour le surveiller [2].

Maître de la préfecture de police, M. de Kératry se rendit à la direction générale des télégraphes, retira tous pouvoirs à M. de Vougy, et le remplaça par M. Steenackers.

Dès le 4 septembre au soir, M. de Kératry eut donc dans ses mains cette force énorme

---

[1] Déposition de M. Ansart, page 189.
[2] Déposition de M. de Kératry, page 667.

qu'on nomme la police, et qui, soutenue et bien dirigée, suffit à la sécurité des personnes et des intérêts de Paris. Quel parti sut-il en tirer ? Il la désorganisa.

Associé aux passions révolutionnaires qui prévalaient, M. de Kératry partagea les préventions que les commissaires de police et les sergents de ville, chargés de la défense de l'ordre, inspiraient naturellement à ceux qui avaient intérêt à le troubler ; et, au lieu d'utiliser leur fidélité, leur bravoure et leur expérience, il les chassa.

Il fit donner l'ordre, dès le soir même, aux sergents de ville de « regagner nuitamment leur domicile, par groupes réduits, afin d'éviter de provoquer une excitation populaire, bien légitime d'ailleurs [1] ». Oui, sans doute, ces honnêtes et vieux soldats d'élite, étaient haïs de la canaille, dont ils empêchaient les méfaits ; mais ils étaient estimés et aimés des honnêtes

---

[1] Déposition de M. de Kératry, page 651.

gens, dont ils assuraient le repos. Le domicile de beaucoup d'entre eux fut, en effet, envahi le 5, le 6, le 7 septembre; leurs appartements pillés, leurs femmes insultées et poursuivies. Le gouvernement n'osa ni les défendre ni les employer. Cinq mille hommes d'élite furent ainsi perdus pour la sécurité de Paris. Finalement organisés en régiment de marche, ils furent l'objet de la décision suivante, bien moins humiliante pour eux que pour ceux qui l'avaient prise : « Le gouvernement a donné l'ordre d'armer tous les anciens sergents de ville, et de les conduire au feu. Au retour de leurs services respectifs, ces hommes doivent déposer leurs armes dans les locaux à ce désignés[1]. » Vaincu par la vérité, M. de Kératry constate lui-même que les services de ces sergents de ville, désarmés et humiliés, furent éclatants pendant le siége; et ce furent eux, qui, placés entre Clamart et Meudon, arrêtèrent, le 18 mars, la pre-

---

[1] Déposition de M. Ansart, page 187.

mière marche de la commune sur Versailles [1].

La conduite imprévoyante du nouveau préfet de police envers les sergents de ville fut la même envers les commissaires de police, magistrats recommandables par leur fermeté et par leurs services. Il en destitua cinquante et un sur soixante, et les remplaça par des conspirateurs émérites, parmi lesquels un avait été condamné à mort et d'autres à la déportation. Il s'y trouvait aussi de vulgaires repris de justice [2]. Qu'on juge, par les antécédents de ces hommes, de l'appui que le maintien de l'ordre pouvait trouver en eux ! Certains d'entre eux crurent pouvoir adresser aux quartiers qu'ils étaient chargés de surveiller des proclamations dans lesquelles ils se disaient républicains socialistes, déclarant qu'ils venaient propager leurs principes parmi leurs administrés [3]. Parmi les commissaires de police nommés par M. de Kératry,

---

[1] Déposition de M. de Kératry, page 661.
[2] Déposition de M. Marseille, page 198.
[3] *Ibid.*

se trouvait Raoul Rigaud, l'assassin des otages. Il lui avait été proposé par M. Floquet, et recommandé par le ministère [1].

Finalement, lorsque M. de Kératry eut organisé la préfecture de police, il s'aperçut que les forces établies par lui échappaient à sa direction, et qu'il n'était pas le maître de leur fonctionnement. Ayant reconnu son impuissance, il eut au moins la franchise de résigner ses fonctions. Il donna sa démission le 13 octobre, et il conseilla de supprimer la préfecture de police, imitant ces commandants qui, ne pouvant conserver une forteresse, la font sauter pour qu'elle ne tombe pas au pouvoir de l'ennemi [2]. Il eût été plus louable et plus utile de l'organiser de façon à conserver l'appui que, sous tous les gouvernements réguliers et sérieux, cette institution donne à la société.

---

[1] Déposition de M. de Kératry, page 667.
[2] *Ibid.*, page 668.

## II

Les vingt mairies de Paris furent constituées avec l'habilité et les principes qui avaient présidé à l'organisation de la police, c'est-à-dire que lorsqu'on les eut établies, on s'aperçut qu'on s'était donné en elles de redoutables ennemis.

Dans la course effrénée exécutée par les vulgaires ambitieux du 4 Septembre, pour arriver à l'Hôtel de Ville, M. Etienne Arago et M. Dréo avaient touché le but les premiers. Ce dernier avait pour position sociale d'être gendre de M. Garnier-Pagès. Il ne put attraper que la place de secrétaire-rédacteur des séances du gouvernement. M. Etienne Arago, l'un des membres de la dynastie créée par l'astronome, était un vétéran de l'émeute. Il avait été, sous le gouvernement de Juillet, directeur du théâtre du Vaudeville, et directeur malheureux. Il n'avait pu devenir, à la Révolution de 1848, que directeur des postes. Grâce à une douzaine de compères, il s'éleva plus haut le 4 Septembre. « Quelques personnes me connaissant, dit-il, ont crié : Etienne Arago maire de Paris ! » Ceux qui étaient là ont répété ce cri, et Gambetta a confirmé leur vœu, en disant, lui aussi : « Étienne Arago, maire de Paris[1]. » Voilà comment fut nommé ce successeur de Bailly et de Caumartin.

Les vingt maires des vingt arrondissements de Paris furent nommés dans la nuit du 4 au 5 septembre. Ils avaient chacun deux adjoints. M. Etienne Arago, comme maire central de Paris, en avait trois [2].

La liste des maires fut exclusivement dressée par M. Etienne Arago et M. Floquet, qui l'envoyèrent toute faite à M. Gambetta, lequel la

---

[1] Déposition de M. Et. Arago, page 532.
[2] Déposition de M. Corbon, page 375.

signa. Les autres membres du gouvernement apprirent par le *Journal officiel* la constitution des municipalités [1].

Ces soixante-quatre personnes, placées sous la présidence de M. Etienne Arago, constituaient réellement la commune de Paris. Quoique investies d'attributions uniquement administratives, elles acquirent peu à peu une influence politique prépondérante, parce que le gouvernement, qui s'était nommé lui-même, appela les maires près de lui, pour avoir action sur les populations, au milieu desquelles il se sentait isolé.

Il y avait deux réunions hebdomadaires des maires. L'une se tenait à l'Hôtel de Ville, sous la présidence du maire de Paris; l'autre, dans laquelle les adjoints se réunissaient aux maires, se tenait au ministère de l'intérieur [2].

A ces réunions, on s'occupait des subsis-

---

[1] Observation de M. Daru, dans la déposition de M. Vacherot, page 408.

[2] *Ibid.*, page 419.

tances de la ville, de l'habillement et de l'armement des gardes nationaux. Organes d'une population anxieuse et enfiévrée, les maires demandaient naturellement à être informés de la marche des événements.

Ils commencèrent par solliciter les nouvelles, et ils finirent par les exiger. Leur immixtion dans les affaires du gouvernement s'accrut de l'incapacité de celui-ci, et, nommés pour être ses collaborateurs, ils finirent par se faire ses juges et par devenir ses maîtres. Le 2 octobre, ils s'opposèrent aux élections générales fixées par le gouvernement pour ce jour [1] ; le 22 janvier suivant, ils destituèrent le général Trochu [2].

Que pouvait-on attendre d'un pouvoir municipal procédant de trois hommes tels que M. Etienne Arago, M. Floquet et M. Gambetta, c'est-à-dire plongeant par leurs principes,

---

[1] Déposition de M. Corbon, p. 375.
[2] *Ibid.*, p. 390.

leurs habitudes et leurs relations, dans les fonds de la démagogie, si ce n'est la révolte contre toute autorité régulière et l'usurpation du pouvoir?

Le premier soin des maires fut d'organiser la garde nationale nouvelle [1]. Cette organisation commença le 6 septembre [2]. Il y avait déjà soixante bataillons, de mille hommes chacun; l'effectif des nouveaux fut porté à douze cents. Le 14 septembre un décret alloua une solde de 1 franc 50 centimes par jour à ceux qui la demandaient [3]. Ce décret fut la cause de la démoralisation des ouvriers de Paris, auxquels il donna des habitudes de paresse et d'ivrognerie. Cette organisation nouvelle porta la garde nationale à 260,000 hommes, d'après M. Etienne Arago [4]. Néanmoins ce nombre dût être dépassé de beaucoup dans la suite, car

[1] Déposition de M. Et. Arago, p. 530.
[2] Déposition de M. Corbon, p. 374.
[3] *Ibid.*, p. 373-74.
[4] Déposition de M. Etienne Arago, p. 530.

il résulte du rapport du comte Daru, qu'au 30 septembre il avait été distribué de 335,000 à 340,000 fusils [1].

Cette augmentation provenait de l'enrôlement d'individus en très-grand nombre, venus de province et se réfugiant à Paris. Ils se faisaient enrôler, pour toucher la paie [2].

En général les enrôlements se faisaient sans aucun contrôle. De là vint le nombre considérable de repris de justice, réfugiés dans la garde nationale, et qui furent les auxiliaires naturels des bandits de la Commune. Immédiatement après le 4 septembre, et pour diminuer le nombre des bouches à nourrir pendant le siége en perspective, on nettoya un peu Paris. On expulsa 2,794 prisonniers valides, 10,132 vagabonds et 1,100 filles publiques [3]. La faiblesse incurable du général Trochu laissa

---

[1] Rapport du comte Daru, p. 115.
[2] Déposition de M. Adam, p. 157.
[3] Déposition de M. Kératry, p. 660.

rentrer dans Paris cette écume sociale [1], et les voleurs furent inscrits pour la plupart ainsi que les vagabonds dans la garde nationale.

Les déposants entendus dans l'ENQUÊTE SUR *les actes du Gouvernement de la Défense nationale* varient sur le nombre des repris de justice qui s'étaient introduits dans la garde nationale.

Le général d'Aurelles de Paladine, d'après des informations qu'il tenait du préfet de police, en portait le nombre de 30 à 40,000 [2]. Le colonel Montaigu évaluait les repris de justice à 35,000 [3].

Le général Trochu en estimait le nombre à 25,000 [4]; mais M. Cresson, préfet de police, portait le nombre plus haut. On devine aisément, sur les accointances naturelles des maires choisis par M. Etienne Arago et par

---

[1] Déposition de M. Kératry, p. 660.
[2] Déposition du général d'Aurelles de Paladine, p. 432.
[3] Déposition de M. Montaigu, p. 418.
[4] Déposition du général Trochu, p. 288.

M. Floquet, quels étaient les chefs de cette garde nationale. Presque tous les officiers appartenaient à l'Internationale, c'étaient des blanquistes ou des jacobins.

Blanqui, Eudes, Longuet, Jaclard, Flourens, étaient chefs de bataillon. Mégy, l'assassin, était porte-drapeau [1].

Les vols commis par de tels officiers furent aussi nombreux que naturels. « La solde, dit M. Ossude, était quelque chose de fantastique. Il y avait des capitaines qui se faisaient des rentes en touchant la solde pour 1,500 hommes, quand ils en avaient à peine 800. Il y en a qui ont dû faire fortune [2]. De son côté, M. Tolain rapporte qu'après une enquête faite, à sa demande, par l'état-major, un chef d'état-major dût rembourser une somme de 2,500 fr. qu'il avait volée [3].

Nous verrons dans la suite de ce livre à quels

---

[1] Déposition de M. de Montaigu, p. 417.
[2] Déposition de M. Ossude, p. 469.
[3] Déposition de M. Tolain, p. 559.

exploits guerriers servit cette garde nationale parisienne de plus de 300,000 hommes, du sein de laquelle se sont élevées tant d'injures contre les braves soldats de Sedan et de Metz, qui illustrèrent au moins leur infortune en couvrant les champs de bataille des cadavres de l'ennemi et des leurs; mais il n'est pas hors de propos de placer ici ce que dit le général Ducrot d'un régiment de garde nationale envoyé à l'ennemi, à l'attaque de Bougival, entre deux régiments de ligne qui le flanquaient. Un peu avant de marcher en avant, ce bataillon fit la soupe une première fois, et puis la fit encore une seconde fois ; après quoi, il rentra le soir à Paris sans avoir donné, ce qui ne l'empêcha pas de recevoir pour sa bravoure *huit* croix de la Légion d'honneur, *huit* médailles militaires et six citations à l'ordre du jour [1].

C'est le général Clément Thomas qui accorda ces récompenses mémorables [2]. « Il fallait bien

[1] Déposition du général Ducrot, p. 24.
[2] *Ibid.*, p. 25.

contenter ces hommes, dit le général Ducrot, et donner satisfaction à l'opinion publique, qui était convaincue que la garde nationale était héroïque. »

Lorsque les faits eurent prononcé, c'est-à-dire trop tard, les yeux des inventeurs de la garde nationale se dessillèrent, excepté ceux de M. Thiers, auquel il fallut plus tard en imposer la dissolution, *le petit bourgeois* étant naturellement imbu des illusions et des vanités bourgeoises. M. Bethmont s'exprimait ainsi à ce sujet : « Sous le régime du suffrage universel, si vous faites une garde nationale, et que vous donniez des armes à tout le monde, vous arriverez nécessairement à des journées de juin ou à des journées comme celle du 18 mars[1]. » A quoi M. Ernest Picard ajoutait de son côté : « C'est l'organisation de la garde nationale qui a fait notre malheur[2]. »

Avec la police, l'administration municipale

---

Déposition de M. Bethmont, p. 178.

[2] Déposition de M. E. Picard, p. 489.

et la garde nationale, le gouvernement du
4 Septembre avait organisé son action à Paris,
et, par l'influence de Paris, son action en
France ; il lui fallait encore, en dehors du
corps diplomatique désormais sans base et
impuissant, un agent au dehors. Il choisit
et s'associa M. Thiers.

## III

M. Thiers est avant tout et par-dessus tout
un faiseur de révolutions. Le génie du gouvernement lui fut absolument refusé. Il ambitionne le pouvoir avec ardeur ; il le saisit
habituellement à l'aide de crises auxquelles il
est rarement étranger ; mais le manier et le
conserver longtemps lui est impossible.

Sa haine contre l'Empire était implacable.
Le prince dont il avait affecté de méconnaître
la haute intelligence avait gouverné la France

pendant vingt et un ans. Il ne lui pardonnait pas de l'avoir laissé vieillir à l'écart, inutile et impuissant. Aussi, s'est-il vengé depuis sa chute, comme se vengent les faibles, par le mensonge et la calomnie.

Dans sa déposition devant la commission d'enquête, il présente le Corps législatif, le 4 Septembre, comme plus qu'indifférent envers l'Empire. « Les députés du centre, dit-il à un certain groupe, désirent la déchéance autant que vous, je le tiens de leur propre bouche; mais ils ne veulent pas en prononcer le mot eux-mêmes[1] ». Ces paroles sont un mensonge. L'opposition du Corps législatif, dont M. Thiers et ses amis faisaient partie, désirait le renversement de l'Empire, et elle ne cessa d'y travailler; mais l'immense majorité était dévouée aux institutions et à la dynastie. Il y a, de cette vérité, un témoin qui n'est pas suspect, c'est M. de Kératry; voici ce qu'il dit :

[1] Déposition de M. Thiers, p. 17.

« Je faisais partie du neuvième bureau. Je fis la proposition de nommer d'urgence une commission chargée de se rendre aux Tuileries, pour y réclamer de la régente l'abdication déjà signée le matin [1]. Ma proposition, combattue d'abord par M. Roulleau-Dugage, qui déclara devoir, plutôt que de céder, se faire tuer sur son banc, fut repoussée par VINGT-HUIT députés sur TRENTE-DEUX. — Malgré nos instances, les vingt-huit membres du neuvième bureau persistèrent dans la RÉSOLUTION INFLEXIBLE DE MAINTENIR LE RÉGIME IMPÉRIAL TEL QUEL. A ma sortie du neuvième bureau j'appris que la discussion avait pris LE MÊME CARACTÈRE DE RÉSISTANCE dans les autres bureaux [2]. »

Voilà la vérité. M. Thiers l'avait si bien sentie, que rencontrant dans la Chambre une répugnance invincible à accepter sa proposi-

---

[1] Le lecteur sait que la régente n'avait pas le droit de signer et ne signa pas une abdication.

[2] Déposition de M. de Kératry, p. 649.

tion commençant par les mots VU LA VACANCE DU POUVOIR, y avait substitué spontanément les mots : VU LES CIRCONSTANCES, pour lui donner des chances d'être accueillie.

Le sentiment de l'Assemblée était resté le même, après l'envahissement du Corps législatif et à l'heure où M. Gambetta proclamait la République à l'Hôtel de Ville.

Dans la séance qui eut lieu, vers quatre heures, à la salle à manger de M. Schneider, sous la présidence de M. Alfred Leroux, M. Buffet flétrit de son indignation les attentats par lesquels la liberté de la représentation nationale avait été violée. Les applaudissements prolongés de l'Assemblée accueillirent ces nobles paroles, lorsque, déclarant qu'il s'inscrivait avec fierté contre les événements accomplis et contre les prétendues nécessités qu'ils imposaient, il dit en terminant que : « dût-il engager sa vie et sa liberté, il ne consentirait jamais, au nom même de la liberté et pour l'honneur de son pays, à reconnaître le gouvernement qui s'était levé sur les ruines de la liberté et du droit[1]. »

M. Thiers assistait à cette séance. Déçu dans son ambition par l'établissement d'un gouvernement fait sans lui, et dont sa dignité et son bon sens lui interdisaient de faire partie, il s'abstint à la fois de le combattre et de l'approuver. Dans la séance du soir, qu'il présida, il proposa à ses collègues la soumission aux hommes de l'Hôtel de Ville ; et à ceux-ci la sagesse dans l'exercice du pouvoir qu'ils venaient d'usurper[2].

M. Thiers avait donc habilement pris, par rapport au gouvernement nouveau, une position qui lui permettait de le protéger, en attendant qu'il le remplaçât ; et c'est très-correctement qu'il accepta de M. Jules Favre la mission d'aller implorer l'intervention amicale de l'Europe. Il partit le 14 septembre pour Londres, et l'autorité militaire chargée de faire

---

[1] Compte rendu de la séance par M. Kolb-Bernard.
[2] Déposition de M. Thiers, p. 19.

sauter le pont de Creil, laissa passer, avant de mettre le feu à la mine, le train qui emportait à toute vapeur l'envoyé extraordinaire de M. Gambetta et de M. Rochefort auprès des grandes puissances.

# CHAPITRE TROISIÈME

LA LUTTE CONTRE L'IMPOSSIBLE

I

Deux nécessités s'imposèrent au gouverne- de l'Hôtel de Ville, le lendemain de son établissement. Il fallait d'abord qu'il se fît absoudre par la France de l'attentat commis contre les pouvoirs publics ; il fallait ensuite qu'il prît, en face de l'ennemi, une attitude plus rassurante pour la sécurité nationale que celle de l'Empire, auquel il venait d'enlever l'armée, le budget, l'administration, enfin tous les éléments de la défense nationale.

Prendre la place d'un gouvernement ne peut être excusable, qu'à la condition de l'occuper mieux que lui.

Il y avait en effet un abîme entre le 2 décembre, tant reproché à Louis-Napoléon Bonaparte, et le 4 septembre que venaient de perpétrer les républicains de Paris.

En dissolvant l'Assemblée législative, le 2 décembre 1851, Louis-Napoléon agissait à la demande d'un million et demi de pétitionnaires, et des conseils généraux de quatre-vingt-deux départements, qui avaient réclamé la révision de la Constitution, et enfin de quatre cents députés, qui l'avaient votée. En outre, Louis-Napoléon ne se fit pas lui-même juge de l'acte qu'il accomplissait; il en déféra immédiatement l'appréciation au suffrage universel, qui approuva par six millions de suffrages ce qu'il venait de faire, et qui par conséquent lui donna raison contre la résistance de l'Assemblée.

Le 4 septembre 1870, les émeutiers brisaient les pouvoirs publics au nom de leur ambition et de leurs convoitises; sept millions de votes avaient confirmé, le 8 mai 1869, la dynastie qu'ils renversaient; et ils n'avaient pas demandé au suffrage universel l'approbation de leur conduite. Ils s'emparaient brutalement des pouvoirs; la lutte engagée avec l'ennemi pouvait faire tolérer momentanément cette dictature odieuse; mais le jour viendrait évidemment où il faudrait demander au pays lui-même s'il consentirait à abdiquer le droit de disposer de ses destinées.

Des élections générales pouvaient seules résoudre ce problème.

La nécessité de procéder à des élections s'imposait donc, car le gouvernement ne pouvait pas agir avec autorité s'il restait isolé de l'opinion de la France; et l'Europe ne pouvait lui donner aucun appui, s'il ne faisait pas sortir des ruines amoncelées par le 4 septembre un pouvoir nouveau régulièrement édifié, et avec lequel on pût négocier et traiter, comme étant le légitime représentant de la nation elle-même.

Le gouvernement reconnaissait cette vérité, lorsqu'il faisait le 9 septembre, dans le préambule du décret relatif aux élections, la déclaration suivante : « L'Europe a besoin qu'on l'éclaire. Il faut qu'elle connaisse par d'irrécusables témoignages que le pays tout entier est avec nous. Il faut que l'envahisseur rencontre devant lui une Assemblée qui soit l'âme vivante de la patrie[1]. »

Quel serait le résulat de ces élections ? Qu'en sortirait-il, l'excuse ou la condamnation du 4 septembre ? Grave question, qui, malgré les forfanteries, jetait dans le pouvoir, né de la violence, de naturelles et de vives appréhensions.

La délibération s'ouvrit, le 8 septembre, à ce sujet, et M. Gambetta, soutenu d'un petit nombre de ses collègues, émit l'opinion que la République ne pouvait pas procéder à des élections générales sans courir à sa perte, si, au préalable, il n'était pas interdit par un dé-

[1] Rapport du comte Daru, p. 533.

cret, aux électeurs de porter leurs suffrages sur tous les anciens ministres de l'Empire, sur les sénateurs, les députés et les conseillers d'État qui l'avaient servi. En un mot M. Gambetta et le parti républicain actif et violent dont il était le chef, n'étaient certains d'une majorité dans l'assemblée qu'il s'agissait de réunir, que s'ils pouvaient restreindre la liberté du suffrage universel et lui imposer des choix à leur convenance.

La pensée de ce monstrueux attentat aux libertés les plus élémentaires, surtout dans un pays mis en état de république, et que M. Gambetta essayera d'accomplir plus tard, était donc arrêtée dans son esprit dès le début du gouvernement nouveau; et il caractérise trop exactement les doctrines tyranniques et oppressives du parti jacobin, pour que nous n'en plaçions pas ici la formule écrite et signée par son propre auteur. Voici comment s'exprimait M. Gambetta, dans une lettre adressée, à ce sujet, à M. Jules Favre, le 24 octobre 1870 :

« L'opinion démocratique pourra souscrire à la constitution d'une Assemblée, *sous la réserve formelle d'exclure de l'éligibilité* à cette Assemblée tous les anciens ministres de Napoléon III, depuis la fondation de l'Empire, les sénateurs, les conseillers d'État et tout ceux qui ont été candidats officiels depuis 1852.

Il faudrait *une loi d'État* qui déclarât *nulle et de nul effet* toute opération électorale *portant sur des individus compris dans les catégories sus-indiquées*... Il est politique de ne pas livrer notre œuvre aux mains de nos plus cruels ennemis, et d'exclure de la première Assemblée de la République tous ceux qui, par leur passé même, sont intéressés à conspirer sa chute. J'ose affirmer que, *sans ce correctif*, LES ÉLECTIONS GÉNÉRALES SERONT RÉPUDIÉES PAR LE PARTI RÉPUBLICAIN, et je dois dire que pour mon compte, je serais dans l'impossibilité de les admettre et d'y faire procéder[1]. »

---

[1] Rapport du comte Daru, p. 141, 2,

Dans ce conseil tenu le 8 septembre, à l'Hôtel de Ville, il ne fut pas statué sur la question soulevée par M. Gambetta. On se borna à autoriser les préfets et les sous-préfets à se porter candidats, et l'on fixa les élections au 16 octobre [1].

Le préfet du Nord écrivait : « Le décret sur le renouvellement des municipalités est lamentable. Les coteries actuelles sont encore toutes puissantes, et elles sont contre nous [2]. »

Le préfet de Saint-Étienne écrivait la même chose : « On rapproche les élections, c'est compromettre la République. Vous connaissez nos paysans. Si l'on refaisait les élections plébiscitaires, les *oui* seraient encore en majorité. Avec des élections aussi rapprochées, vous auriez des municipalités et une constituante bonapartistes [3]. »

Enfin, le préfet de l'Aude mandait de son

---

[1] Rapport du comte Darn p. 143.
[2] *Ibid.*, page 144.
[3] *Ibid.*, page 144.

côté : « L'élection des conseils municipaux est une faute. Elle va nous redonner tous les maires de l'Empire [1]. »

Tel était le langage de préfets démagogiques auxquels on avait livré la France, et qui avaient pu apprécier la répulsion dont le crime du 4 septembre était l'objet. M. Crémieux lui-même confirmait leur sentiment, le 18 septembre, dans cette dépêche à M. Gambetta. « Élections impossibles, dangereuses ; c'est le cri à peu près général ; *périlleuses et destructives de notre nouvelle situation. C'est dans toutes mes dépêches* [2]. »

## II

Ainsi, la première des deux obligations qui s'imposaient au gouvernement du 4 septembre,

---

[1] Rapport du comte Daru, page 146.
[2] *Ibid.*, page 144.

c'est-à-dire celle de se faire absoudre par l'opinion publique, ne pouvait être remplie, les préfets et la délégation de Tours affirmant unanimement que des élections seraient la condamnation de la République ; et l'affirmation du 9 septembre, dans laquelle le gouvernement prenait envers l'Europe l'engagement de montrer que « le pays tout entier était avec lui, » restait une dangereuse et ridicule vantardise.

En était-il de même de la seconde nécessité où les hommes du 4 septembre s'étaient placés, de résister plus efficacement que l'Empire à l'ennemi, car ils ne pouvaient être justifiés d'avoir ôté à l'Empereur les armes des mains, qu'à la condition de s'en servir plus habilement que lui? Hélas! ces pauvres ambitieux se sentaient aussi incapables de résister à la Prusse que de gagner la confiance de la France ; car, dès le premier jour de la défense, ils sont unanimes à se considérer comme vaincus.

C'est une chose bien digne de remarque et qui pèsera sur la mémoire des hommes du

4 septembre, qu'au moment même où ils faisaient du général Trochu, de ses talents militaires, de sa prépondérance dans un pouvoir sans contre-poids et sans contrôle, le pivot de la résistance à opposer à l'ennemi, lui-même n'avait aucune confiance, et affichait son affaissement devant ses collègues, au point de leur donner à résoudre la question de savoir s'il était plus décourageant que découragé [1].

Le soir même du 4 septembre, il n'hésita pas à déclarer, lui, le président de gouvernement de la défense nationale, que la pensée de résister à l'armée prussienne et de soutenir un siége contre elle était insensée [2]. « M. Trochu, dit M. Picard, menait le deuil du siége. Il nous déclarait que la défense était *une héroïque folie* ; qu'il n'y avait rien à attendre ni du dedans ni du dehors. Il ne croyait pas aux armées de l'extérieur. Il ne nous laissait aucun

---

[1] Déposition de M. J. David, page 156.
[2] Déposition de M. Corbon, page 389.

espoir [1]. » M. Jules Favre lui-même, le 4 septembre au soir, croyait, comme ses amis, qu'il ne serait pas possible au gouvernement nouveau de résister à l'invasion. « Nous pensions tous, dit-il, entreprendre une œuvre impossible. Je ne pouvais croire que les Prussiens, nous ayant battus à Sedan et ne rencontrant aucun obstacle, n'allaient pas arriver presque immédiatement [2]. »

Et ce sont ces deux hommes, aux yeux desquels la résistance aux forces ennemies était impossible, qui avouaient entre eux leur impuissance dans le secret du conseil, qui lanceront le pays dans une lutte à outrance, donnant ainsi à la France un espoir qu'ils n'avaient point eux-mêmes ! C'est M. Jules Favre qui, dans sa circulaire du 6 septembre aux agents diplomatiques, jeta ce défi aux Prussiens : « Pas une pierre de nos forteresses, pas un pouce de notre territoire ! »

[1] Déposition de M. Picard, page 476.
[2] Déposition de M. Jules Favre, page 332.

Voici un extrait de ce document insensé :

« La dynastie impériale est à terre ; la France libre se lève !

« Le roi de Prusse veut-il continuer une guerre impie ? Libre à lui.

« Si c'est un défi, nous l'acceptons.

« Nous ne céderons ni un pouce de notre territoire, ni une pierre de nos forteresses[1]. »

C'est le général Trochu qui, lorsque ses collègues se révoltaient contre l'imprudence d'un pareil langage, exigea que ces termes excessifs fussent maintenus dans la proclamation du Gouvernement !

« J'ai demandé, dit M. Picard, qu'on supprimât la phrase. Comment ! vous venez d'éprouver le désastre de Sedan, et vous écrivez cette phrase ! Dites que nous sauvegarderons jusqu'à la dernière heure l'intégrité du territoire, personne ne vous en voudra ; mais une pierre de nos forteresses ! J'en donnerais beau-

---

[1] *Officiel* du 9 septembre.

coup, pour que nous fussions délivrés en ce moment-ci. Je crois que M. Jules Favre allait abandonner la phrase ; mais le général Trochu déclara qu'elle était indispensable et qu'il fallait qu'elle fût mise dans la proclamation[1]. »

Cet acte pèsera éternellement comme une mauvaise action sur la mémoire de ses auteurs. Il trompa la France pendant cinq mois, en lui imposant des sacrifices aussi douloureux qu'inutiles. Aussi, lorsque, le 20 janvier, au soir, après l'échec de Buzenval, le général Trochu déclara aux maires de Paris réunis qu'il avait toujours prédit ce qui arrivait et considéré la résistance comme impuissante, la surprise de tous fut profonde et navrante.

M. de Kératry ajoute : « Jamais le gouvernement de Paris n'a cru à une défense efficace... Quand on n'a pas la foi, on ne la communique pas... et puis est-il bien, sous l'empire de semblables prévisions, de sacrifier hommes

---

[1] Déposition de M. E. Picard, page 479.

et millions, pour sembler marcher à un résultat qu'on croit irréalisable et intangible [1]. »

Ainsi, les deux obligations qui s'imposaient impérieusement aux hommes du 4 Septembre, s'ils voulaient se faire absoudre, c'est-à-dire gagner la confiance de la France et résister à l'ennemi, ils ne pouvaient, de leur propre aveu, les remplir; et les faiblesses, les hontes de leur gouvernement seront la conséquence inévitable de la situation inextricable et criminelle dans laquelle ils s'étaient jetés, tête baissée.

## III

La plus urgente des deux nécessités auxquelles il fallait pourvoir, c'était d'arrêter l'ennemi, soit par une victoire, soit par une négociation.

La victoire, il ne fallait pas y songer, et l'on

---

[1] Déposition de M. de Kératry, page 668.

a vu que ni M. Jules Favre, ni le général Trochu n'y songeaient. Restait la ressource d'une négociation; mais le gouvernement prussien avait fait connaître qu'il ne traiterait pas avec les insurgés de l'Hôtel de Ville. Un journal allemand, publié à Reims, contenait en effet une déclaration formelle de M. de Bismark, portant « qu'il ne traiterait pas avec un gouvernement issu d'un mouvement révolutionnaire, et qui ne représentait, à ses yeux, qu'un parti, l'opposition du Corps législatif, arrivé au pouvoir par l'acclamation de la foule [1]. » Il tombait en effet sous les sens que l'action diplomatique de l'Europe resterait suspendue, aussi longtemps que la France n'aurait pas un gouvernement régulièrement constitué, et que la Prusse ne pouvait pas négocier valablement avec un pouvoir qui n'était pas accepté par le pays.

La nécessité de négocier en appelait donc une autre, qui était de réunir une Assemblée

[1] Rapport du comte Daru, page 143.

qui aurait les pouvoirs réguliers nécessaires pour ouvrir des conférences au nom de la Nation. Nous avons déjà vu qu'un décret du 9 septembre avait fixé les élections générales au 16 octobre ; mais lorsque l'apparition des premiers uhlans aux environs de Paris, le 16, eurent annoncé l'arrivée de l'ennemi ; un nouveau décret, proposé par M. Gambetta, avança l'époque des élections, et les fixa, pour les conseils municipaux, au 25 septembre, et pour l'Assemblée nationale, au 2 octobre [1].

Justement convaincu de l'urgente nécessité de réunir une Assemblée, pour traiter avec un ennemi qu'on ne pouvait pas arrêter, M. Jules Favre chargea M. Thiers d'aller solliciter l'intervention de l'Europe, et d'abord celle de l'Angleterre, pour obtenir un armistice pendant lequel on procéderait aux élections. M. Thiers partit pour Londres le 14 septembre. Il trouva dans le cabinet anglais « une grande

[1] Rapport du comte Daru, page 143.

froideur ». Lord Granville consentit à recommander à M. de Bismarck d'accepter une entrevue, *dans l'intérêt de la paix* [1]. C'est tout ce que M. Thiers put obtenir.

Le 17, M. Jules Favre se rendit aux avant-postes, et sollicita une entrevue de M. de Bismarck, qui l'accorda avec empressement pour le lendemain 18, au château de *Haute-Maison*, appartenant à M. de Tillar, près de Meaux, où était alors le quartier général. Trois conférences consécutives eurent lieu, la première à la *Haute-Maison*, le 18 au matin, les deux autres au château de Ferrières, appartenant à M. le baron de Rothschild, le 18 au soir et le 19 au matin [2].

Ici se place et fut consommé ce que l'histoire appelera le CRIME DE FERRIÈRES.

La pensée qui conduisait M. Jules Favre auprès de M. de Bismarck était celle-ci : il avait l'espoir de traiter à de meilleures conditions

[1] Rapport du comte Daru, page 143.
[2] Déposition de M. Thiers, page 20.

que n'eût fait l'empire, d'obtenir la paix sans cession de territoire, de consolider ainsi la République par une paix relativement glorieuse, qui eût assuré au parti du 4 Septembre la prédominance dans la prochaine Assemblée. Cette pensée était partagée par le président du gouvernement, le général Trochu, qui l'exprime ainsi à l'occasion des pourparlers de la Haute-Maison et de Ferrières :

« Nous pensions à ce moment, avec tout le monde, que la Prusse ne voulait pas détruire la France. Nous pensions que le roi de Prusse serait fidèle aux sentiments très-dignes qu'il avait exprimés à l'Allemagne, au début de la campagne, et qu'il ne faisait pas la guerre au peuple Français, mais au gouvernement de l'Empereur; et, au fond des esprits, il y avait l'espoir d'obtenir du roi de Prusse la convocation d'une Assemblée, pour statuer sur la paix [2]. »

---

[1] Rapport du comte Daru, page 143.
[2] Déposition du général Trochu, page 290.

Quel fut le langage de M. de Bismarck? Il fut celui d'un vainqueur qui veut profiter de ses avantages, mais il déclara être prêt à accorder l'armistice, et il fit des ouvertures de paix.

Pour accorder l'armistice, il demanda, comme sûreté, la reddition de Strasbourg, qui capitula le 20 octobre, treize jours plus tard, celle de Toul et de Phalsbourg, qui capitulèrent aussi; et enfin, pour le cas où l'Assemblée à élire serait réunie à Paris, comme il la redoutait belliqueuse, il exigea la remise du Mont-Valérien.

En ce qui touche la paix, M. de Bismark s'y déclara spontanément disposé, moyennant la cession de Strasbourg et de sa banlieue. « Strasbourg est la clef de votre maison, dit-il, je dois l'avoir [1]. »

La France eût-elle accepté ces conditions, si elle les avait connues? On peut répondre qu'elle a dû en subir plus tard de bien plus humiliantes et de bien plus dures; mais il faut

---

[1] Rapport de M. Jules Favre *au gouvernement*, 22 septembre, *officiel* du 24.

avouer que, pour le gouvernement du 4 Septembre, et dans la situation où il s'était placé, elles étaient terribles.

Au premier mot de M. Jules Favre laissant percer la prétention de faire la paix sans cession de territoire, M. de Bismarck l'arrêta et lui dit : « Vous avez publié une circulaire à vos agents diplomatiques qui rend toute espèce de conversation inutile entre nous sur cet objet. Vous avez déclaré que la France ne céderait ni un pouce de son territoire, ni une pierre de ses forteresses. Nous ne pouvons nous entendre dans de semblables conditions [1]. »

Le gouvernement du 4 Septembre voyait donc se dresser devant lui, dès le début des négociations, les obstacles qu'il s'était lui-même créés par la plus ridicule et la plus criminelle forfanterie, car lorsqu'il déclarait, le 6 septembre, qu'il ne céderait ni un pouce de territoire, ni une pierre des forteresses, il déclarait en même

---

[1] *Discours de M. Jules Favre à l'Assemblée,* 18 juin 1871.

temps, par la bouche de M. Trochu, que la résistance aux armées allemandes *était une héroïque folie*, et par la bouche de M. Jules Favre, que le gouvernement de la Défense nationale entreprenait *une œuvre impossible* [1]. Si donc ils ne consultaient que leur intérêt de sectaires, leur ambition, le prestige dont ils avaient besoin pour dominer leur parti, il était à craindre que l'obligation de consentir à une cession de territoire, même bornée à Strasbourg et à sa banlieue, empêchât les hommes du 4 Septembre d'accepter des perspectives de paix. Un sincère et ardent patriotisme, qui eût subordonné leurs passions politiques à l'intérêt national, aurait pu seul leur faire comprendre qu'ils n'avaient reçu aucune mission d'ôter à la France la disposition d'elle-même; mais ce patriotisme, ils ne l'avaient pas.

Si la paix était amère et difficile à des hommes qui s'étaient inutilement lié les mains

---

[1] Déposition de M. Picard, page 418.

par avance, l'armistice leur offrait, par les mêmes raisons, de bien graves difficultés.

M. de Bismarck exigeait la reddition de Strasbourg, avec la garnison prisonnière de guerre. Assurément la concession était douloureuse. La garnison se défendait bravement; mais enfin la place était enveloppée; elle n'avait, en l'état où se trouvaient les affaires militaires le 18 septembre, aucun espoir d'être secourue. Sa reddition était inévitable, fatale et prochaine, car elle se rendit à discrétion treize jours plus tard. En guerre, comme en toutes choses, il faut écouter la raison et compter avec la nécessité. Une chose aussi considérable qu'un armistice employé à la nomination d'une Assemblée qui traiterait de la paix, délivrerait le territoire, rendrait à une nation de quarante millions d'hommes sa vie normale, pouvait balancer l'intérêt d'une garnison, si énergique, si respectable qu'elle fût, et dont le courage ne pouvait pas conjurer une catastrophe imminente. Arrivée par la force des choses, la reddition de Strasbourg ne servit à rien ; concédée le 19 septembre, elle eût amené la cessation des hostilités, une Assemblée, des conférences, la paix, et délivré le pays de l'odieuse et inepte tyrannie qui le couvrit de sang et de ruines.

Mais la situation particulière où se trouvaient les hommes du 4 Septembre leur rendait difficile la pratique du bon sens, naturelle à d'autres.

Ils s'étaient livrés à la populace, à ses passions, à ses sottises, et ils ne pouvaient ni n'osaient lui résister. Parmi les statuts colossales des huit villes de France qui ornent la place de la Concorde, se trouve celle de Strasbourg : le gouvernement de la Défense nationale l'avait spécialement déifiée. On en avait fait un autel, et l'on y fit célébrer des messes. Les régiments qui passaient près d'elle avaient l'ordre de battre aux champs et de lui porter les armes ; et tel fut l'élan imprimé à cette idolâtrie, qu'un décret du gouvernement du 22 octobre décida que cette statue serait coulée en bronze [1]. Comment M. Jules Favre et ses collègues pouvaient-ils annoncer à la populace de Paris qu'ils livraient prisonnière de guerre la garnison d'une ville à la statue de laquelle ils faisaient porter les armes et dire des messes?

La remise du Mont-Valérien n'avait été demandée par M. de Bismarck que dans le cas où l'Assemblée à élire serait réunie à Paris. La réunion de cette assemblée à Tours ou à Bordeaux n'entraînait pas l'occupation de la forteresse. Mais M. Jules Favre et ses collègues pouvaient-ils, le 19 septembre, accepter que l'Assemblée se réunît en province? Paris, qui s'était insurgé et qui avait fait la révolution; Paris, dont les députés composaient à eux seuls le gouvernement; Paris, dont la garde nationale armée formait 260,000 hommes; Paris, qui avait chassé la dernière Assemblée nommée par la France, pouvait-il se soumettre

---

[1] *Journal Officiel* du 30 octobre.

aux décisions des députés de ces mêmes départements, si récemment outragés, et convoqués à Bordeaux ou à Tours, c'est-à-dire placés à l'abri de ses insultes et de ses violences ? C'était difficile à penser, et M. Jules Favre ne le croyait pas possible. « Dans l'état d'esprit où était Paris, dit-il, il eût été difficile de faire accepter une Assemblée de Province... Paris lui eût déclaré la guerre [1]. »

Ainsi, la situation dans laquelle les hommes du 4 Septembre s'étaient placés, les rendait les esclaves de Paris, de ses passions, de ses violences, de ses crimes ; pour garder le pouvoir, ils étaient obligés de rester sourds aux conseils du patriotisme ; pour avoir une Assemblée, ils étaient forcés de la vouloir à Paris.

Or, l'Assemblée réunie à Paris, c'était le Mont-Valérien donné en gage à la Prusse victorieuse !

Placé en face des terribles nécessités créées

---

[1] Déposition de M. J. Favre, pages 335-345.

par son ambition, et ne voyant d'issue au cercle fatal dans lequel il s'était enfermé qu'une chute immédiate, au milieu des huées de l'Europe et des colères redoutables de ceux auxquels il avait promis le succès, sans y croire, M. Jules Favre pleura amèrement. Si ces larmes avaient marqué le repentir de l'attentat commis le 4 septembre, contre la souveraineté nationale, elles eussent été respectables; mais elles ne marquaient que le dépit d'une éclatante déconvenue, et la honte de ne pouvoir négocier un armistice, réunir une Assemblée et donner la paix au pays, sans tomber du pouvoir !

« Si j'avais accepté les propositions de M. de Bismarck, dit M. Jules Favre devant la commission d'enquête, LE LENDEMAIN NOUS AURIONS ÉTÉ RENVERSÉS [1]. » Voilà le sujet de ses angoisses. Il voulait, comme ses complices, garder une domination usurpée.

---

[1] Déposition de M. Jules Favre, page 335.

Néanmoins, il était malaisé, en restant sincère et honnête, d'expliquer à la France, pourquoi on refusait un armistice et la réunion d'une Assemblée, car cette Assemblée, c'eût été la France prenant la place d'un gouvernement d'émeutiers, et disposant d'elle-même. Il n'y avait qu'un moyen d'entraîner le pays, c'était de lui cacher la vérité, et de lui présenter une peinture si exagérée des exigences de la Prusse, que les cœurs se soulevassent d'indignation, et qu'il ne sortît de toutes les poitrines qu'un même cri : la guerre !

M. Jules Favre et ses collègues ne reculèrent pas devant cette insigne imposture. Le *Journal officiel* du 22 septembre publiait la déclaration suivante :

« La Prusse répond aux ouvertures qui lui ont été faites en demandant A GARDER L'ALSACE ET LA LORRAINE, par droit de conquête.

« Que l'Europe juge ; notre choix est fait !

« Paris résistera jusqu'à la dernière extrémité. Les départements viendront à son secours; et, Dieu aidant, la France sera sauvée[1].

A la même date, le *Journal officiel* publiait cette autre déclaration :

« La Prusse demande, comme CONDITION PRÉALABLE D'UN ARMISTICE, l'occupation des places assiégées, le fort du Mont-Valérien et la garnison de Strasbourg prisonnière de guerre. »

Eh bien! à l'exception de ce qui touche la garnison de Strasbourg, tout cela était faux! La Prusse n'avait demandé ni l'ALSACE, ni la LORRAINE, pour traiter de la paix! La Prusse n'avait pas fait de la remise du Mont-Valérien une condition de l'armistice, si l'Assemblée était réunie en Province.

Le lendemain, le *Journal officiel* répéta le mensonge, et le varia. Il publia le long et verbeux rapport de M. Jules Favre au gouvernement sur les entrevues de la *Haute-Maison* et de Ferrières. Il y était dit que M. de Bismarck

---

[1] *Journal officiel* du 22 septembre.

réclamait d'une façon absolue la cession des départements du Haut et du Bas-Rhin et d'une partie de celui de la Moselle, avec Château, Metz, Château-Salins et Soissons, ainsi que la remise préalable de la forteresse du Mont-Valérien.

Cette déclaration du 23 était aussi menteuse que celle du 22. En ce qui touche la paix, M. de Bismarck s'était déclaré prêt à la conclure, moyennant la cession de Strasbourg. En ce qui touche la remise du Mont-Valérien, exigée pour l'armistice, elle était subordonnée à la réunion de l'Assemblée à Paris ; et le fort n'était pas réclamé, si l'Assemblée se réunissait à Bordeaux ou à Tours. Dans sa déposition devant la commission d'enquête, faite en juin 1871, M. Jules Favre essaya de faire croire que la remise du Mont-Valérien avait été une condition absolue de l'armistice ; mais il résulte invinciblement de son rapport sur l'entretien de Ferrières, et d'un discours du général Trochu, prononcé à l'Assemblée du

2 juin 1871, que cette condition était exclusivement relative au cas où l'Assemblée serait réunie à Paris.

Nous allons faire la preuve de cette colossale et criminelle supercherie. Rien n'y manquera, pas même l'aveu tardif du coupable.

## IV

Le 17 du mois de février 1871, lorsque l'Assemblée réunie à Bordeaux donna des instructions aux commissaires chargés de traiter de la paix, M. Jules Favre, qui avait sans doute oublié son langage du 20 et du 23 septembre précédent, prit la parole dans le huitième bureau dont il faisait partie, et s'opposa, comme ministre des affaires étrangères, à ce que, dans la négociation à intervenir, il fût fait, malgré les instances de M. Keller, aucune allusion au sujet de l'Alsace et de la Lorraine, « attendu que jusqu'alors la Prusse n'avait jamais demandé la cession de ces deux provinces. » Cette déclaration causa le plus profond étonnement aux membres du bureau ; et M. de Valon, député du Lot, qui remplissait les fonctions de secrétaire, consigna naturellement et en détail les paroles du ministre dans le procès-verbal de la séance.

Cette révélation, qui jetait un jour nouveau et inattendu sur la politique égoïste et tortueuse du Gouvernement de la Défense nationale, resta confinée dans les couloirs de l'Assemblée, où elle causa une douloureuse impression. Poussé par sa conscience, M. de Valon la porta, le 10 juin, à la tribune, où il rappela les termes dans lesquels M. Jules Favre avait repoussé la motion de M. Keller. Le ministre du 4 Septembre s'était exprimé ainsi ; nous reproduisons le compte rendu *officiel* :

« A l'heure présente, 17 février, la Prusse n'a pas encore demandé la cession de l'Alsace et de la Lorraine ; il est possible qu'elle ne demande pas cette cession ; il est possible qu'elle se contente d'une simple neutralisation. »

Quelques membres : « Nous avons été témoins de cette déclaration à Bordeaux. »

M. de Valon, parlant pour son compte, continue ainsi : « Ce n'est pas tout : M. Jules Favre ne s'est pas contenté de nous déclarer que, contrairement à ce qui avait été mentionnné dans des documents antérieurs, la Prusse, à la date du 17 février, n'avait pas exigé la cession de l'Alsace et de la Lorraine ; il nous a dit qu'à Ferrières, c'est-à-dire le 18 septembre, il avait été question d'autre chose que de l'armistice, que le mot de paix avait été prononcé. Il nous a dit qu'à Ferrières, le 18 septembre, M. de Bismarck lui avait proposé de faire la paix, moyennant la cession de Strasbourg et de sa banlieue [1]. »

Plusieurs membres : « Oui, oui, c'est vrai » !
Cette révélation était foudroyante. Elle appre-

---

[1] *Journal officiel* du 17 juin 1871.

naît tout à coup au pays qu'il avait été odieusement trompé par le Gouvernement du 4 Septembre ; et qu'il aurait pu conclure la paix six mois plus tôt sans céder deux provinces, et sans répandre inutilement le sang de tant de malheureux.

M. Jules Favre, que cette révélation rendait responsable de la guerre à outrance, du territoire cédé, des milliards perdus et du sang versé, avait disparu en voyant M. de Valon monter à la tribune. L'indignation de la Chambre l'y rappela. Il apparut le lendemain.

A l'aide de la phraséologie verbeuse dans laquelle il aime à se voiler, il fit appel à une sentimentalité alors impuissante : « Je le demande, dit-il, quel est le Français qui, au 18 septembre, aurait pu accepter la paix, en cédant Strasbourg et sa banlieue ? Strasbourg qui était debout ? Strasbourg qui versait son sang ? Strasbourg dont les édifices étaient incendiés[1] ? » — Ah !

---

[1] *Journal officiel* du 18 juin 1871.

oui, sans doute, le sacrifice eût été considérable ; mais il eût été la rançon de deux provinces, qu'il a fallu sacrifier, après avoir perdu Strasbourg !

Mais enfin, pris à la gorge par la vérité, et mis, comme on dit, au pied du mur, il avoua la supercherie en ces termes : « M. de Bismarck, me parlant politique, m'adressa certaines suggestions que je repoussai et *me dit* EFFECTIVEMENT QU'IL SERAIT POSSIBLE DE TRAITER DE LA PAIX DANS LES CONDITIONS QUI ONT ÉTÉ RAPPORTÉES à la séance d'hier [1]. »

On le voit, l'aveu est complet, et lorsque, dans le *Journal officiel* du 22 septembre 1870, le Gouvernement du 4 Septembre déclarait que, pour répondre aux ouvertures qui lui avaient été faites, la Prusse avait demandé la cession de l'Alsace et de la Lorraine, ce Gouvernement mentait !

Et c'est à l'aide de ce mensonge qu'il réussit

---

[1] *Journal officiel* du 18 juin 1871.

à enfiévrer les esprits, à lancer le pays dans une guerre à outrance, à ajourner les élections, et à prolonger sa frauduleuse dictature. Une Assemblée lui eût enlevé le pouvoir, la guerre et l'ajournement des élections la lui conservèrent.

L'imposture de M. Jules Favre, répandue par ses complices, égara au même degré la province et Paris.

En exécution d'un décret de M. Gambetta, daté du 24 septembre, la délégation de Tours fit placarder dans toutes les municipalités de France la déclaration suivante :

« La Prusse veut continuer la guerre ; elle veut l'Alsace et la Lorraine, par droit de conquête.

« A d'aussi insolentes prétentions, on ne répond que par la lutte à outrance [1]. »

Et, afin que Paris égaré restât dans les mains de ses dominateurs, M. Gambetta publiait

---

[1] *Journal officiel* du 27 septembre 1870.

dans l'Officiel du 7 octobre l'avis suivant, qu'il venait, disait-il, de recevoir :

« La Province se lève et se met en mouvement.

« Les départements s'organisent.

« Tous les hommes valides accourent au cri :
« Ni un pouce du terrain, ni une pierre de nos
« forteresses ! Sus à l'ennemi ! guerre à ou-
« trance [1] ! »

Et cet amoncellement de mensonges, ces excitations guerrières, dont les hommes du 4 Septembre savaient et avouaient la vanité, n'avaient qu'un but : Garder le pouvoir !

Et, pour que la France ne pût pas reprendre possession d'elle-même, un dércet du 7 octobre portait ce qui suit : « Les élections municipales et pour l'Assemblée constituante sont suspendues et ajournées. »

A peine est-il nécessaire de discuter les raisons données par M. Jules Favre pour justifier

---

[1] *Journal officiel* du 7 octobre 1870.

le refus des conditions d'armistice et de paix offertes à Ferrières, par la Prusse. Ces raisons, détestables au point de vue de l'intérêt général, n'avaient quelque poids qu'en raison de la situation inextricable où les hommes du 4 Septembre s'étaient placés, et dont ils devaient, seuls, supporter les conséquences.

On nous eût, dit M. Jules Favre, considérés comme des traîtres ; la population de Paris se fût soulevée ; le gouvernement constitué le 4 Septembre, le seul possible, à moins qu'il ne fût remplacé par celui de Flourens, n'aurait pas rencontré l'obéissance des troupes ; et le lendemain nous aurions été renversés[1]. » Que la chute de M. Jules Favre lui importât à lui-même, cela se conçoit ; mais que pouvait-elle importer à la France ? Il est tombé, ainsi que tous ses complices ; le pouvoir en est-il resté affaibli ? Bien au contraire. Il n'a été, en sortant de ses mains, que plus fort, plus moral et plus res-

---

[1] Déposition de M. Jules Favre, p. 335.

pecté. Il redoutait que la canaille de Paris, dirigée par les jacobins, déclarât la guerre à une Assemblée de province, et que Flourens s'emparât du gouvernement?

Mais le maintien des hommes du 4 Septembre a-t-il donc conjuré une seule de ces calamités? la Commune n'a-t-elle pas déclaré la guerre à l'Assemblée de Versailles? Flourens, Raoul Rigault, Millière, Delescluze, Pyat, les hommes de sang et de rapine n'ont-ils pas gouverné Paris? La présence au pouvoir du gouvernement de la Défense nationale n'a donc empêché aucun désordre; et son maintien, obtenu au prix de l'ajournement des élections, a coûté la guerre à outrance, deux provinces perdues, une génération fauchée et des ruines sans nombre et sans nom.

## CHAPITRE QUATRIÈME

LA DICTATURE ET L'IMPUISSANCE

### I

L'insigne et audacieux mensonge à l'aide duquel M. Jules Favre venait de tromper Paris et la France sur le sens vrai des conférences de Ferrières livrait donc le pays à une guerre à outrance, en dénaturant les exigences de l'ennemi, et l'abandonnait à l'avide dictature des hommes de Septembre, en ajournant d'une manière indéfinie la réunion d'une Assemblée.

En supposant aussi réelles qu'elles étaient fausses les exigences de la Prusse, on conçoit que des populations surexcitées, n'ayant plus rien à attendre de l'ennemi, fussent portées à une résistance désespérée. « Que voulez-vous, disait l'un des maires de Paris, M. Corbon : nous avions pris tout à fait au sérieux ce qu'on nous avait dit : « Pas un pouce de notre territoire, pas une pierre de nos forteresses. » Nous étions sortis des premiers moments de découragement, nous voyons nos fortifications s'élever et grandir ; Paris se montrait prêt aux plus grands efforts pour se défendre [1]. »

Cependant, la province, bien que devenue la proie de proconsuls de bas étage, envoyés de l'Hôtel de Ville ou accourus de divers points comme les vautours qu'un instinct mystérieux pousse vers les cadavres à dévorer, supportait impatiemment le joug de Paris, accepté par une garde nationale qui vivait de sa honte. La province voulait des élections et une Assemblée qui, nommée par la France,

---

[1] *Déposition de M. Corbon,* p. 380.

arrachât le pays à la dictature de l'intrigue et de l'émeute. La délégation du gouvernement, établie à Tours, poussée par l'opinion, délibéra le 29 septembre et signa le 1ᵉʳ octobre un décret qui ordonnait les élections générales pour le 16 de ce dernier mois. Paris était déjà bloqué d'une manière complète depuis le 18 septembre ; mais un fil télégraphique, submergé dans la Seine, mettait encore Paris en communication avec le dehors. Ce fil, coupé le 1ᵉʳ octobre par l'ennemi, put encore porter à l'Hôtel de Ville, le 29 septembre, la décision prise à Tours; ce fut le dernier office qu'il rendit.

L'annonce des élections générales, opérées sans armistice, tomba comme la foudre au milieu des dictateurs de Paris. C'était le réveil, au milieu de leurs rêves de domination. En effet, par la nomination d'une Assemblée, la France reprenait possession d'elle-même et mettait fin au gouvernement usurpateur de Septembre. Surtout, la France, à laquelle une ignoble émeute, faite en présence de l'ennemi, avait imposé la République, pouvait, par un vote libre, se débarrasser des aventuriers qui la déshonoraient. De telles perspectives, qui rompaient tous leurs plans, étaient bien faites pour les épouvanter ; et leur première pensée fut pour annuler le décret rendu par la délégation de Tours. On sait déjà qu'après la publicité donnée aux conférences de Ferrières, un décret de l'Hôtel de Ville du 23 septembre, reçu à Tours dans la matinée du 24, avait ajourné indéfiniment les élections communales, fixées au 25, et les élections politiques, fixées au 2 octobre [1]. C'était cette dernière mesure, capitale pour les dictateurs de Paris, que les délégués de Tours venaient d'annuler, en fixant au 16 octobre l'élection d'une Assemblée nationale.

---

[1] *Déposition de M. Marc Dufraisse*, p. 425.

## II

La délégation de Tours comprenait alors M. Crémieux, M. Glais-Bizoin et M. le vice-amiral Fourichon. M. Crémieux s'était rendu à Tours le 12 septembre, et M. Glais-Bizoin alla l'y joindre, avec l'amiral Fourichon, le 18. M. Laurier, qui était encore à cette époque dans les eaux de M. Gambetta, s'était spontanément réuni aux délégués.

Quelles causes avaient créé cette délégation de Tours?

Le 7 septembre, le gouvernement, établi depuis trois jours à l'Hôtel de Ville, agita la question de savoir s'il ne serait pas prudent et nécessaire de transporter en province le siége de son action. L'arrivée de l'ennemi devant

Paris était imminente ; les premiers uhlans se montrèrent en effet, dans ses environs le 16 [1], et l'investissement eut lieu le 18. Quelle pouvait être la direction imprimée aux affaires par un gouvernement bloqué dans Paris? Quel serait le rôle d'un ministre des affaires étrangères sans communications avec l'Europe, d'un ministre des finances isolé des contribuables, d'un ministre de la justice réduit à un seul tribunal comme à une seule cour, d'un ministre de la marine sans flotte, d'un ministre de l'instruction publique sans élèves à recevoir et sans professeurs à diriger? Le bon sens, le patriotisme conseillaient donc de conserver au gouvernement la liberté nécessaire à son action; et, pour qu'il pût, soit diriger efficacement la défense, soit organiser fortement les armées, il fallait qu'il ne fût pas prisonnier dans l'enceinte d'une ville enveloppée, mais au contraire placé hors des atteintes de l'ennemi, auquel il

[1] *Rapport du comte Daru,* p. 143.

avait accepté la charge de résister. La solution logique de la question posée et débattue le 7 septembre était donc la translation du gouvernement à Bourges, à Tours ou à Bordeaux, en laissant à l'autorité militaire du Gouverneur de Paris la défense de la capitale, défense qui, par suite de l'investissement et du siége, devait se réduire à une opération de guerre.

Malheureusement, les circonstances dans lesquelles s'était accomplie la révolution du 4 Septembre, et la situation personnelle des hommes qui l'avaient opérée, ne permettaient pas de prêter l'oreille aux conseils de la sagesse et du patriotisme ; et toute la défense de Paris comme la défense de la France vont être sacrifiées à l'intérêt direct et aux visées politiques des hommes dont le pouvoir était né d'une émeute locale.

En effet, les membres du gouvernement de l'Hôtel de Ville étaient tous députés de Paris, et c'est à ce titre qu'ils devaient l'appui que leur donnait la canaille parisienne. Qu'auraient été, hors de Paris, les Jules Favre, les Gambetta, les Rochefort, les Jules Ferry, les Pelletan, les Emmanuel Arago? Où auraient-ils puisé la force nécessaire pour faire prévaloir leur dictature? qui croyait en eux? qui voulait d'eux? Paris, les clubs, l'émeute, une garde nationale nourrie à ne pas se battre et à ne rien faire, trente mille repris de justice organisés et armés, tel était le milieu nécessaire aux usurpateurs de Septembre, tels étaient les auxiliaires naturels d'une œuvre accomplie avec leurs concours.

Il fut donc résolu que le Gouvernement de la Défense nationale resterait à Paris[1]; et deux vieillards, qui n'avaient que leur grand âge pour les défendre du ridicule, furent envoyés à Tours, comme une délégation de l'autorité centrale.

Faute immense, dont les résultats vont peser à la fois sur Paris et sur la France.

---

[1] Rapport de M. Chaper, p. 107.

A Paris, le gouverneur militaire, qui était en même temps président d'un gouvernement politique, va consumer dans des conseils incessants, délibérant sur des matières, sur des incidents, sur des complications étrangers aux questions militaires, le temps, les réflexions, l'activité, les moyens que réclamaient les opérations du siége. L'autorité politique dont il était investi étant naturellement minée, combattue, enviée par les partis contraires, va se trouver graduellement affaiblie par ces attaques. Blanqui et Flourens lui donneront à l'Hôtel de Ville plus de besogne que les Prussiens sur les remparts ; et ce général subira finalement cette honte, signe de l'anarchie à laquelle il s'était prêté, de se voir destitué de ses fonctions par les maires et leurs adjoints. Une autorité purement militaire, et surtout un autre caractère, auraient subordonné toutes les questions à la question de la guerre, confiné les maires dans leurs mairies, imposé silence aux partis, et employé à combattre l'ennemi les efforts perdus à combattre la sédition.

En province, un gouvernement, même comme celui du 4 Septembre, aurait été forcé de respecter l'esprit et l'intérêt des populations ; de leurs rapports nécessaires avec lui seraient nés un concert, un concours, un emploi utile des forces nationales, brisées et anéanties par la dictature fiévreuse d'un fou.

Si les deux vieillards, formant la délégation de Tours s'étaient bornés au rôle de comparses, qu'on leur avait destiné, ils eussent pu remplir paisiblement leur office ; mais leur décret du 1ᵉʳ octobre, communiqué dans ses principales dispositions à Paris, dès le 30 septembre, fit voir qu'ils entendaient prendre la direction des affaires publiques ; et, dans un conseil tenu à l'Hôtel de Ville, ce jour même, M. Gambetta proposa d'envoyer à Tours *un homme énergique* [1], chargé d'annuler le malencontreux décret qui mettait la politique de Paris en désar-

---

[1] *Rapport du comte Daru*, p. 154.

roi, et de conserver indéfiniment la dictature aux hommes du 4 Septembre, en ajournant les élections générales et la réunion d'une Assemblée.

Cet *homme énergique* envoyé à Tours, ce fut M. Gambetta lui-même.

A entendre le général Trochu, M. Gambetta fut envoyé à Tours comme le seul qui pût supporter un voyage en ballon. « Au point de vue du ballon, dit-il, on pensa naturellement à M. Gambetta. Je ne sais pas si mes collègues, qui le connaissaient beaucoup mieux que moi, le jugèrent plus apte qu'aucun d'eux à remplir cette mission de délégué ; je sais bien que, quant à moi, sans la moindre hésitation, je considérai M. Gambetta comme le seul qui pût envisager le voyage en ballon sans en être troublé [1]. » M. Trochu ajoute, il est vrai : « Mais le gouvernement, en donnant à M. Gambetta des pouvoirs très-étendus, ne prévoyait

---

[1] *Déposit. du général Trochu*, p. 284.

pas qu'il se ferait général en chef, raisonnant et fixant la stratégie des opérations. »

D'après le témoignage du général Ducrot, M. Gambetta fut choisi parce qu'il fallait porter la révolution en province, et qu'il était plus propre qu'un autre à remplir cette mission [1].

Parti en ballon dans la nuit du 7 au 8 octobre, M. Gambetta toucha terre près de Montdidier avant minuit, et se dirigea, par Amiens, sur Tours, où il arriva le même jour, à deux heures de l'après-midi [2]. Il avait amené M. Ranc avec lui [3].

A peine arrivé, entre une heure et deux, dit M. Marc Dufraisse, présent à la réunion, il y eut conseil, composé de M. Crémieux, qui était à ce moment ministre de la justice et de la guerre, et qui tenait beaucoup au portefeuille de la guerre ; puis, de M. l'amiral Fourichon, qui avait résigné ce portefeuille,

---

[1] *Rapport du comte Daru*, p. 158.
[2] *Déposit. de M. Marc Dufraisse*, p. 423.
[3] *Rapport du comte Daru*, p. 159.

et enfin de M. Glais-Bizoin, qui s'en serait volontiers chargé. MM. de Chaudordy et Laurier assistaient à ce conseil... M. Gambetta arrivait avec le décret de Paris, qui annulait expressément le décret de Tours, et défendait absolument de faire procéder aux élections : « Voici le décret, nous dit-il en le jetant sur le tapis ; il faut l'exécuter ; quant au vôtre, il est brisé. » Je prédis à M. Gambetta qu'on lui reprocherait, un jour, à lui personnellement, d'avoir voulu retenir le pouvoir, l'autorité dictatoriale, en ajournant indéfiniment la convocation d'une Assemblée ; tout fut inutile, le conseil s'inclina patriotiquement devant l'autorité supérieure du gouvernement de Paris. Il n'y eut pas de vote. Il y avait un décret, qui était un ordre, on le subit.

« Je n'avais plus de place dans ce conseil où un homme jeune, considérable, de si haute et grande renommée révolutionnaire, populaire et impérieux, venait prendre possession du pouvoir. Or, comme je ne suis ni de force à exercer une dictature, ni de caractère à la subir, je me retirai [1]. »

Voilà donc le gouvernement coupé en deux, une moitié à Paris, une autre à Tours, et sans communications régulières et certaines, car le fil télégraphique, immergé dans la Seine, avait cessé de fonctionner le 30 septembre. Ces deux groupes de gouvernants, ainsi isolés, vont naturellement se trouver affaiblis, quoique dictatoriaux l'un et l'autre. La dictature de Paris investie dans l'enceinte de la capitale, n'agira pas au dehors, faute de liberté; et la dictature de Tours, simple délégation, agira sans l'efficacité nécessaire, faute d'une direction sage et pratique, qu'était incapable de donner un homme étranger aux affaires, et moins occupé de sauver la France que d'établir la République.

Aussi, malgré son agitation et ses efforts, cette double dictature va-t-elle aboutir, à Paris, comme en province, au désordre et à l'impuissance.

[1] *Déposit. de M. Marc Dufraisse*, p. 424.

## III

La conduite du gouvernement de Paris, lequel comprenait tous les membres du pouvoir inauguré le 4 septembre, moins M. Gambetta, M. Crémieux et M. Glais-Bizoin, fut dominée par un seul et même sentiment, la défaillance morale ; et cette défaillance, en face du désordre, venait de ce que tous ces hommes en étaient à la fois les bénéficiaires et les complices. Un mot de M. Ossude explique très-nettement cette situation : « La démagogie a fait la courte échelle à la démocratie [1]. » De là, pour les démocrates, la nécessité de ménager et de protéger les démagogues. Chaque membre du

---

[1] *Déposit. de M. Ossude*, p. 470.

gouvernement avait pour client un bandit, quand il n'en avait pas deux.

Cérisier, chef du 101ᵉ bataillon, assassin des dix-sept dominicains d'Arcueil, est condamné à être fusillé ? M. Jules Ferry intercède pour lui et lui sauve la vie [1].

Félix Pyat est arrêté ? il écrit, il ose, il peut écrire à un garde des sceaux, M. Emmanuel Arago : « Quel malheur que je sois ton prisonnier, tu aurais été mon avocat, » Et ce garde des sceaux demande la mise en liberté pure et simple du prisonnier, à M. Cresson, préfet de police, qui la refuse [2].

Cet affaissement général avait commencé dès le 4 septembre. M. de Kératry, de son autorité privée, faisait mettre en liberté Cluseret, détenu à la frontière [3], et la libération des deux assassins Eudes et Mégy était délibérée en conseil [4].

---

[1] *Déposition de M. Ossude*, p. 469

[2] *Déposit. de M. Cresson*, p. 137.

[3] Observation de M. Daru pendant la *Déposit. de M. Rouher*, p. 249.

[4] *Déposit. du général Trochu*, p. 35.

Le désordre était effroyable et incurable, parce qu'il provenait à la fois de l'audace de la démagogie et de la complicité des hommes du pouvoir avec elle. Chacun tirait à soi; M. Gambetta faisait enlever des archives de la préfecture de police et se faisait remettre son dossier et celui de M. Spuller[1]. Vermorel, qui avait touché cinq cents francs par mois au ministère de l'intérieur, sous l'Empire[2], hurlait plus fort que les autres pour détourner les soupçons. Les hommes de la Commune étaient là, dont on s'était servi pour prendre le pouvoir, mais avec lesquels on n'osait pas le partager, crainte d'être exclus par eux, comme on le fut plus tard. Tous les membres du gouvernement étaient impopulaires parmi les truands de l'émeute, dont ils étaient pourtant les chefs et les protégés[3]. « Le parti républicain est très-mêlé, dit M. Vacherot, et traîne après lui une

---

[1] *Déposit. de M. de Kératry*, p. 657.
[2] *Ibid.*, p. 670.
[3] *Déposit. de M. Fribourg*, p. 571.

*queue effroyable*, dont nous, républicains, sans savoir ce dont elle était capable, nous n'avons jamais hésité à nous séparer [1]. »

Et en face de ce désordre, pas de pouvoir ! « Quand nous sommes arrivés à la préfecture de police, dit M. Chopin, nous avons trouvé la police intérieure, la police des rues *volontairement* désorganisée ; il n'y avait plus, ni police ostensible, ni police secrète [2] ». De son côté, le général Trochu avoue qu'il n'a jamais été le maître : « Pour fusiller, il faut être le maître ; il faut que le droit ait une sanction qui n'est pas la force morale, la seule dont j'aie disposé pendant le siége, mais la force matérielle toujours présente et agissante, celle-ci, je ne l'avais pas [3] ».

Oui, cela est vrai ; les magistrats, les cours martiales elles-mêmes hésitaient devant la répression des coupables les plus avérés ; et les

---

[1] *Déposit. de M. Vacherot*, p. 408.
[2] *Déposition de M. Chopin*, p. 106.
[3] *Déposit. du général Trochu*, p. 32.

plus nécessaires sévérités de la justice manquaient de sanction; mais pourquoi? parce que les hommes du pouvoir, complices de la plupart des bandits, protégeaient effrontément les condamnés. Quelle résolution pouvait montrer la magistrature, lorsque un ordre délibéré en conseil de gouvernement faisait mettre en liberté Eudes et Mégy, deux assassins écroués au bagne? Pour avoir le droit de se plaindre du manque de force matérielle, présente et agissante, dans l'exercice du pouvoir, il ne faut pas avoir accepté ce pouvoir dans des conditions qui rendent cette force impossible. C'est cette vérité qu'exprimait le général Ducrot, en disant devant la commission d'enquête:

« Le général Le Flô m'ayant offert le commandement de l'armée de Lyon, j'ai déclaré que je n'accepterais aucun commandement, tant que je verrais dans les conseils du gouvernement les hommes du 4 septembre [1] ».

---

[1] *Déposit. du général Ducrot*, p. 82.

L'explication des effroyables désordres de Paris, depuis le 4 septembre jusqu'à la capitulation, est donc tout entière dans ces deux faits : exigences audacieuses des démagogues, et condescendance des hommes du pouvoir, qui n'osent pas les combattre, parce qu'ils sont leurs complices.

Voici, en effet, la série des concessions aussi absurdes que lâches, auxquelles le gouvernement du 4 Septembre n'eut pas honte de s'abaisser.

Le 13 septembre, M. Em. Arago proposa l'établissement dans la ville de Paris de barricades permanentes, pour la construction desquelles *il faudrait rompre avec toutes les routines militaires*. La proposition fut votée, et l'on nomma, sous la direction de M. Rochefort, une commission des Barricades, comprenant MM. Dorian, Flourens, Bastid, Martin Bernard, Floquet et Dréo [1]. La commission fit

---

[1] *Rapport de M. Chaper*, p. 110.

appel au concours de tous *les barricadiers de Paris*, ce qui était reconnaître en quelque sorte et organiser officiellement tous les vétérans de l'émeute [1]. Le général Trochu approuva cette étrange institution, qui ne pouvait servir qu'à empêcher la circulation des troupes dans la ville.

Cette condition, insérée dans la proposition de M. Em. Arago, de rompre, pour la construction des barricades, avec *toutes les routines militaires*, n'était pas une fantaisie ; c'était un système. L'opposition propageait le vieux préjugé démagogique, d'après lequel les armées permanentes et disciplinées sont inutiles, et qui attribuait à l'*élan* et à l'*enthousiasme* les victoires de la révolution. La pensée du gouvernement était de subordonner les pouvoirs militaires à l'autorité civile, et d'envoyer en province des commissaires, avec la mission de diriger et de commander les généraux. MM. Pi-

---

[1] Voir l'*Officiel* du 19 sept. La commission des Barricades fut instituée par un décret du 22.

card et Rochefort en firent la motion, le 24 septembre, et le gouvernement l'accepta. L'amiral Fourichon, qui administrait les affaires de la guerre à Tours, résiste; mais on passe outre; les maires de Paris exigent, le 26, la nomination de ces commissaires civils; et, si le blocus n'avait arrêté les communications, tous les avocats sans emploi auraient été mis à la tête des armées [1]. M. Gambetta emportera cette idée en ballon, et on le verra livrer les armées à des ingénieurs civils, et donner aux camps des *Vice-Présidents*, choisis parmi des journalistes inconnus.

Dès le 22, le principe avait été appliqué à Paris dans la mesure où il pouvait l'être. MM. Garnier-Pagès, Em. Arago et Gambetta furent adjoints au comité de défense, naturellement composé de généraux, et exclusivement occupé de mesures militaires [2].

Ainsi soumis aux fantaisies des clubs et de la

[1] *Rapport de M. Chaper*, p. 112.
[2] *Rapport de M. Chaper*, p. 113.

rue, et autorisant par leur exemple le mépris de la discipline et le dédain de l'armée, les hommes du 4 Septembre seront naturellement impuissants à maintenir l'ordre, incessamment troublé par des pouvoirs étrangers à toute hiérarchie. La ville va être régulièrement agitée par des rassemblements tumultueux, endémiques sous le régime républicain, et qui ont pris dans la langue révolutionnaire le nom de *mouvements* ou de *manifestations*.

Le 21 septembre, au retour de M. Jules Favre de Ferrières, ce furent les chefs de bataillon de la garde nationale qui se présentèrent au gouvernement; lui demandant des explications sur les projets d'amnistie, et lui déclarant qu'ils avaient mission de s'y opposer [1].

Le 22, deux vulgaires clubistes, Gaillard père et Lermina, à la tête de bandes nombreuses, vinrent offrir leur concours contre

---

[1] *Rapport de M. Chaper*, p. 114.

l'ennemi, mais à la condition que les élections seraient ajournées, parce que, faites à cette époque, elles eussent été trop favorables *à la réaction* [1]. Le même jour, Vermorel, l'ancien pensionnaire du ministère de l'intérieur, venait exiger la suppression de la préfecture de police, et menaçait de la brûler le lendemain, si elle était maintenue. MM. Jules Simon, Jules Ferry et Rochefort haranguaient ces bandes ; M. Jules Simon disait : « Nous ménageons aux Prussiens une guerre qu'ils ignorent, la guerre des Barricades ; » et, montrant M. Rochefort, il disait : « Nous avons choisi l'homme que voilà. »

Transporté d'un délire militaire, M. Em. Arago ajoutait : « Si Paris a été la Sodome de l'Empire, il sera la Saragosse de la République. Et si la Saragosse ne suffit pas, la torche à la main, nous ferons, moi à votre tête, de Paris un Moscou [2] ». Hâbleries ridi-

---

[1] *Rapport de M. Chaper.*
[2] Lire ces discours dans le *Bulletin de la Municipalité*, n° 1. 24 sept.

cules, qui n'ont pas empêché Paris de capituler, avec trois cent quarante-quatre mille hommes de garnison, et ces Rostopchine de théâtre de se sauver à Bordeaux, aussitôt que les portes furent ouvertes.

Le 26, ce fut le tour des maires de Paris. Ils vinrent demander la levée en masse, et l'envoi en province de commissaires civils, chargés de diriger les opérations militaires [1]. Chose plus grave, 180 chefs de bataillon, accompagnés des délégués du comité central républicain, se présentèrent à l'Hôtel de Ville, où M. Gambetta les harangua. Ils demandaient qu'il fut procédé à des élections municipales, auxquelles ils étaient venus s'opposer quatre jours auparavant [2].

Mais, le 5 octobre, les pétitionnaires se présentèrent armés. Le citoyen Flourens, que la faiblesse du général Trochu avait fait *major*, arriva devant l'Hôtel de Ville à la tête de dix

[1] *Rapport de M. Chaper*, p. 114.
[2] *Ibid.*

bataillons de la garde nationale de Belleville, qui étaient placés sous son commandement. Introduit, à une heure, près du gouvernement par le maire de Paris, M. Etienne Arago, il demanda : que la garde nationale fît des sorties contre l'ennemi; que ses bataillons fussent armés de chassepots; que tous les *réactionnaires* restés dans les administrations fussent renvoyés; qu'il fût procédé immédiatement aux élections municipales, et que la levée en masse fût décrétée à Paris et en province.

Cinq orateurs : le général Trochu, MM. Garnier-Pagès, Gambetta, Ferry et Dorian furent successivement employés à calmer le fougueux *Major*, sans y parvenir. Repoussé dans ses demandes, il donna et maintint sa démission [1]. A la sortie de Flourens de l'Hôtel de Ville, tous les tambours battirent aux champs; et les 8,000 gardes nationaux présents défilèrent au cri de *Vive la Commune* [2] !

---

[1] *Bulletin de la Municipalité de Paris*, 7 octobre 1870.
[2] *Déposit. de M. de Kératry*, p. 660.

La manifestation du 8 fut un essai de révolution tenté à fond. Le mouvement était dirigé par Blanqui, Félix Pyat, Delescluse, Flourens, Sapia, auxquels M. de Kératry ajoute M. Tolain [1]. Ce mouvement avait pour prétexte l'établissement de la Commune, et pour but le renversement du gouvernement de la Défense Nationale. Les bataillons de Blanqui, de Flourens, de Millière et de Lefrançais devaient l'appuyer. A dix heures du matin, le 8, le mouvement se dessina sur les hauteurs de Belleville et de Montmartre ; à trois heures, les bataillons révolutionnaires arrivèrent sur la place de l'Hôtel-de-Ville, en criant : *Vive la Commune!* Mais la garde républicaine et un bataillon de mobiles bretons occupaient militairement l'Hôtel de Ville ; leur contenance imposa aux Bellevillois, et la tentative avorta.

A la suite de cette victoire remportée sur le désordre, M. de Kératry, préfet de police,

---

[1] *Déposition de M. de Kératry*, p. 660.

proposa au conseil de la compléter en mettant en arrestation Blanqui et Flourens. La mesure fut adoptée au conseil du 10 octobre; mais lorsqu'il fut question de l'exécuter, le général Tamisier, commandant en chef de la garde nationale et le général Trochu lui-même reculèrent devant les difficultés [1]; ce qui montra bien aux révolutionnaires qu'ils n'avaient qu'à oser, et qu'ils n'avaient rien à redouter de l'autorité publique. Aussi vont-ils recommencer sur nouveaux frais, et préparer la journée du 31 octobre, pendant laquelle le gouvernement resta, douze heures, prisonnier de l'émeute. Désespérant de l'autorité et de l'ordre public, M. de Kératry donna sa démission le 11 octobre. Il fut remplacé par M. Edmond Adam.

Il se produisait quelquefois dans certains esprits comme une lueur d'ordre et de bon sens, promptement évanouie. Au conseil du 17 octobre, M. Picard proposa la suspension

---

[1] *Déposit. de M. de Kératry*, p. 664, 5, 6, 7.

des journaux, ou tout au moins la censure préalable ¹. Battu sur ce point, M. Picard, appuyé par M. de Rochefort, demanda que le gouvernement enrôlât des journaux, pour combattre ceux de ses ennemis ². Rien de cela ne fut osé. Un peu plus tard, le 29 novembre, M. Jules Favre, ministre de l'intérieur par intérim, depuis le départ de M. Gambetta, renouvela, comme M. Picard, la demande de supprimer tous les journaux; et, en présence de la résistance de ses collègues, il menaça de donner sa démission, déclarant le gouvernement impossible avec une presse déchaînée ³; mais tout cela, nous l'avons dit, c'étaient des lueurs de conviction et de courage, aussitôt évanouies que produites, et qui n'avaient pas de lendemain.

¹ *Rapport de M. Chaper*, p. 349.
² *Ibid.*, p. 351.
³ *Ibid.*, p. 349.

## IV

On connaît déjà l'organisation municipale qui avait été donnée à la ville de Paris. Dans la nuit du 4 au 5 septembre, M. Etienne Arago, M. Floquet et M. Gambetta avaient nommé, sans consulter le conseil du gouvernement, les maires des vingt arrondissements de Paris, auxquels ils avaient donné deux adjoints. Par une superfétation née des ambitions et du désordre, ils avaient ajouté à ces vingt maires un vingt-unième maire, dit le maire central, qui était M. Etienne Arago. Il avait trois adjoints; ce qui portait la municipalité totale à soixante-quatre membres[1]. Cette municipalité siégeait à l'Hôtel de Ville, sous la présidence du maire central, et

---

[1] *Déposit. de M. Corbon*, p. 375.

non loin de la salle où siégeait le gouvernement lui-même. De cette municipalité, créée par les hommes de Septembre, et qui en était venue à séparer sa cause de la leur, va partir l'étincelle de laquelle naquit l'embrasement du 31 octobre.

M. Thiers, affamé de pouvoir, et ne pouvant le saisir que s'il négociait un armistice, préliminaire de l'élection d'une assemblée où, dans l'état des choses, il jouerait le premier rôle, était rentré à Tours de son grand voyage à travers l'Europe. Il n'en rapportait rien, si ce n'est une demande d'armistice, appuyée par les puissances neutres. Après avoir fait agréer à M. Gambetta le principe de négociations à ouvrir avec l'ennemi [1], M. Thiers partit de Tours le 28 octobre, et, après s'être arrêté à Orléans, il franchit les lignes prussiennes à l'aide d'un sauf-conduit, et arriva le 30, à

---

[1] M. Gambetta écrivit, à ce sujet, à M. Jules Favre, le 24 octobre. M. Jules Favre discute cette lettre dans une réponse datée du 28. Rapport de M. Chaper, *pièces justificatives*, n° 7, p. 53.

Paris, au ministère des affaires étrangères. Le gouvernement fut convoqué dans la soirée; et, après une longue délibération, M. Thiers reçut les instructions nécessaires pour négocier un armistice, ayant pour objet des élections générales et la nomination d'une assemblée[1]. Il repartit pour Versailles le 31, à deux heures de l'après-midi, sur l'invitation du général Trochu de ne pas s'attarder à Paris, où il n'était pas en sûreté[2].

Paris était en effet en ébullition à cette heure. Metz venait de capituler, et le Bourget, enlevé à l'ennemi, venait d'être repris. Des affiches apposées par ordre du gouvernement apprirent simultanément à la population la capitulation du maréchal Bazaine, et les négociations entamées par l'intermédiaire de M. Thiers, pour la conclusion d'un armistice. Ces nouvelles firent éclater un violent orage, préparé depuis

---

[1] *Rapport du comte Daru*, p. 173.
[2] *Déposit. de M. Thiers*, p. 25.

deux jours par les déclamations des révolutionnaires.

Dans une réunion de la ligue républicaine, tenue le 28, Ledru-Rollin s'était exprimé ainsi :

« C'est LA GRANDE COMMUNE, *disait-il, qui a sauvé le sol de la Patrie*.... Lyon l'a déjà instituée; resterez-vous en arrière, vous Parisiens, qui avez toujours marché à la tête de la Révolution? NOMMEZ LA COMMUNE. Insistez, agissez, votez, soyez dignes de vos pères; faites revivre cette GRANDE COMMUNE *qui, en 1792, a sauvé la France et préparé la République* [1] ».

Ledru-Rollin était, en ce moment, allié de Delescluze, de Pyat et de Blanqui; et, sous le nom de Commune, tous trois, mais chacun pour son compte, poursuivaient la dictature [2].

L'indignation qui, tout à coup, éclata dans Paris, le matin du 31 octobre, était le contre-

---

[1] *Rapport du comte Daru,* p. 176.
[2] *Déposit. de M. de Kératry,* p. 667.

coup des mensonges rapportés de Ferrières, par M. Jules Favre. La population vivait sur la promesse qu'on lui avait faite de ne céder ni un pouce du territoire, ni une pierre des forteresses ; et voilà que tout à coup, on lui apprenait que toute résistance était inutile, et que, Metz tombé, Paris devait tomber aussi, et que déjà on négociait un armistice.

Les vingt maires de Paris se trouvaient réunis, le 31 octobre, à onze heures du matin, à l'Hôtel de Ville. Ils y apprirent les nouvelles, qui portèrent leur irritation au dernier degré. « Que voulez-vous ! s'écrie M. Corbon, qui était l'un de ces maires ; nous avions pris tout à fait au sérieux ce qu'on nous avait dit : « Pas un pouce de terrain, pas une pierre de nos forteresses. » Et quand, à tort ou à raison, tout Paris se montrait prêt aux plus grands efforts pour se défendre, voilà que tout à coup nous apprenons qu'on négocie une armistice ! Eh bien, je vous le déclare, cette dernière nouvelle fit sur nous la plus cruelle impression ; elle nous mit hors de nous [1] ».

Ce sentiment était légitime, et universellement partagé. « Jamais, dit M. de Kératry, le gouverneur de Paris n'a cru à une défense efficace. Sans cesse, le soir, à l'Hôtel de Ville, il nous répétait que la défense était impossible. Or, quand on ne croit pas à la possibilité d'une entreprise, il est souverainement imprudent et dangereux d'en accepter la responsabilité... mieux vaut ne pas retenir le pouvoir, quand on se sent impuissant à l'exercer [2]. »

L'irritation trop légitime des maires réunis à l'Hôtel de Ville se formula par deux propositions.

Changer la direction militaire, si elle ne voulait pas marcher, et la remplacer par *n'importe qui*.

---

[1] *Déposit. de M. Corbon*, p. 380.
[2] *Déposit. de M. de Kératry*, p. 668.

Demander que les maires de Paris fussent élus, afin qu'ils eussent plus d'autorité, résolus qu'ils étaient à ne plus rester ce qu'ils étaient, les créatures de M. Etienne Arago, de M. Floquet et de M. Gambetta [1].

Ces deux propositions ou résolutions des vingt maires furent apportées au gouvernement par M. Etienne Arago, le maire central, lequel, en fabriquant les autres, s'était naturellement, et par la même occasion, fabriqué le premier.

Le gouvernement accueillit la proposition des maires. M. E. Picard, allant plus loin que ses collègues, émit l'avis que *les membres du gouvernement lui-même fussent élus;* mais M. Emmanuel Arago combattit cette proposition, en alléguant que si le gouvernement se soumettait au vote de la population, il courrait le risque de ne pas résister à l'épreuve du scru-

---

[1] *Déposit. de M. Corbon,* p. 380.

tin¹. Cette prudente observation calma l'ardeur électorale des hommes du 4 Septembre. Ils étaient en effet fort impopulaires; ils étaient en butte aux attaques des démagogues, et n'avaient pas, on vient de le voir, la confiance des maires, c'est-à-dire de la partie relativement modérée de la population.

Pendant que les maires délibéraient, et demandaient au gouvernement leur part d'autorité, leur salle fut envahie par des bandes que dirigeaient Félix Pyat et Delescluse, et qui venaient demander elles aussi, à gouverner comme les autres. Depuis que le pouvoir appartenait à la violence, qui pouvait légitimement contester le droit des violents? MM. Floquet et Brisson, qui s'étaient faits adjoints en faisant M. Etienne Arago maire, défendirent énergiquement leur usurpation ; mais, il fallut déguerpir ; et, à quatre heures de l'après-midi, les maires s'étaient retirés dans leurs arrondisse-

¹ *Rapport de M. Daru*, p. 187.

ments respectifs, laissant le gouvernement aux prises avec l'émeute [1].

L'Hôtel de Ville, siége du gouvernement, fut envahi par des bandes successives qui se présentèrent à partir de dix heures du matin. Pour arrêter ces bandes on n'avait que des discours, car la garde nationale les laissait passer. Après les harangues de M. Floquet, de M. Etienne Arago, et de M. Jules Ferry, le général Trochu risqua la sienne. « Voulez-vous, dit-il, entendre la parole d'un soldat? » on lui répondit par des cris : A bas l'armistice ! vive la Commune ? M. Thiers veut vendre la France! — Il fut obligé de descendre de sa chaise et de s'en aller. M. Jules Simon, qui le remplaça, eut le même succès et le même sort [2].

Ces délégations se succédant, le général sortit de nouveau du salon vert, où siégeait le gouvernement ; mais, dès les premiers mots, on lui cria : « Assez de discours, nous n'en

---

[1] *Déposit. de M. Corbon*, p. 381.
[2] *Rapport de M. Daru*, p. 181.

voulons plus ! La Commune ! A bas les incapables[1] ! »

A ce moment les étages supérieurs étaient encore préservés de l'envahissement par un bataillon de mobiles, aux ordres du colonel d'Auvergne, commandant les mobiles de l'Indre, le général Trochu appliquant sa théorie sur la force morale, fit rentrer ce bataillon à la caserne Napoléon, et la salle Saint-Jean fut immédiatement envahie.

Délivrés de l'obstacle qui les arrêtait, divers bataillons, entassés au bas des escaliers de l'Hôtel de Ville, ou sur la place, montèrent précipitamment, et la salle où siégeait le gouvernement fut promptement envahie par la foule hurlante. Les élections des maires, accordées par le gouvernement, ne satisfaisaient plus personne ; Flourens venait d'arriver ; on voulait la Commune et le pouvoir, et les bandes crièrent, en entrant : « Ils ne sortiront plus ; il

---

[1] *Rapport de M. Daru*, p. 182.

faut les garder là jusqu'à ce que la Commune soit proclamée[1].

Autour d'une table se trouvaient assis MM. Jules Favre, Garnier Pagès, J. Simon, J. Ferry, le général Trochu, Em. Arago, le général Le Flô et le général Tamisier. Plus prudents et plus alertes, M. Picard, M. Pelletan et M. Rochefort s'étaient sauvés dans le tumulte de l'envahissement[2].

Dire les reproches, les invectives, les outrages dont les membres du gouvernement furent abreuvés par l'émeute, serait impossible. Maurice Joly et Vermorel, montés sur la table, demandaient la démission des membres du gouvernement, et la Commune. M. Jules Favre leur répondit qu'ils ne céderaient pas sous la pression d'*individus qui ne pouvaient avoir la prétention de représenter la nation tout entière*, argument de peu de valeur dans la bouche

---

[1] *Rapport de M. Daru*, p. 191.
[2] *Ibid.*, p. 191.

d'un homme qui, comme les assaillants, ne représentait qu'une émeute.

Cependant, un grand bruit parti du dehors vient jusqu'à la salle du gouvernement. C'est Flourens, la tête haute, le sabre au côté, les grandes bottes vernies à l'écuyère; il monte sur la table, et lit la liste des membres du gouvernement nouveau, institué sous le nom de *Comité de salut public*, qui venait, dit-il, d'être voté à l'unanimité *dans la cour de l'Hôtel de Ville* ; elle contenait les noms suivants :

Flourens, Delescluze, F. Pyat, Blanqui, Mottu, Curial, Ranvier, Millière, Raspail, Rochefort, Ledru Rollin, Victor Hugo et Louis Blanc. Les quatre derniers noms furent violemment contestés, et la foule exigea que le nom de M. Dorian fut ajouté à la liste.

Tel était ce gouvernement nouveau ; et le lendemain, Flourens écrivait dans son journal : « Nos élections étaient plus valables que celles du 4 Septembre, car j'ai soumis tous les noms de ma liste à la sanction du peuple, qui l'a votée[1]. »

Cela fait, M. Flourens demanda la démission des membres du gouvernement du 4 septembre, qui la refusèrent avec une ferme opiniâtreté ; à quoi M. Flourens répondit, en leur disant qu'ils restaient ses prisonniers et ses otages.

« Non, non ! cria-t-on de tous côtés ; il faut les conduire à Mazas ; il faut les fusiller ; qu'on en finisse ! » Le commandant Ibos, entendant répéter autour de lui : « Conduisez-les à Mazas, si vous voulez, mais ils n'y arriveront pas ; ils seront fusillés en route, » comprit l'imminence du danger, et sortit pour aller rassembler son bataillon, qui était le 106e.

---

[1] *Rapport de M. Daru*, p. 195.

## V

Cependant, M. Flourens était toujours debout sur la table, écrasant les encriers du talon de ses bottes; il ne savait trop quel parti tirer de sa victoire, et il avait envoyé chercher Blanqui; celui-ci arrive, et ordonne de garder les portes, afin que le Comité de salut public fût en sûreté. Il était assis autour de la même table, qui était celle du gouvernement vaincu et prisonnier, avec Delescluze, Flourens, Ranvier et Millière.

Depuis sa sortie, le commandant Ibos avait rassemblé à la hâte, environ 400 hommes du 106ᵉ bataillon; il se rend à l'Hôtel de Ville, et, parvenu au pied du grand escalier, il fait sonner la charge, et parvient clairons en tête, avec une poignée d'hommes, jusqu'au premier étage. Trouvant close la porte de la salle où Flourens et Blanqui tenaient le gouvernement prisonnier, il l'enfonce, y pénètre avec une demi-douzaine de gardes, et se trouve en face des tirailleurs de Belleville commandés par Flourens. Comme l'audace en impose toujours, un homme vigoureux enlève le général Trochu, le charge sur ses épaules, l'emporte et le sauve. M. Jules Ferry et M. Em. Arago mirent à profit le tumulte, et s'échappèrent. M. Jules Favre et M. Jules Simon se disposaient à en faire autant; mais le cercle se resserra autour d'eux, et ils restèrent plus prisonniers que jamais. La nuit était venue, et il était environ huit heures du soir[1].

Il se passa quelques heures pendant lesquelles le gouvernement nouveau, quoique enfermé comme l'autre, s'en donna à cœur

---

[1] *Rapport de M. Daru*, p. 203.

joie : il rédigea une foule de décrets par lesquels il organisait son pouvoir.

Maintenant que le général Trochu était rentré au Louvre, il suffisait d'une heure de résolution pour balayer l'émeute qui trônait à l'Hôtel de Ville. Le général Ducrot et le colonel Vabre demandaient à se charger de l'opération. M. Picard intervint, et fit retirer l'ordre d'agir déjà donné par le général Trochu.

Cette ignoble oppression subie par un gouvernement usurpateur, il est vrai, mais représenté après tout par des hommes personnellement supérieurs à ceux de la Commune, ne pouvait finir que par l'initiative irrégulière d'un homme de cœur, indigné des lâchetés du pouvoir. M. de Legge, commandant le bataillon des mobiles bretons, enfermés à la caserne Napoléon, n'écoutant pas l'ordre formel du général Trochu qui lui interdisait de sortir, prit sur lui d'aborder l'émeute et de la chasser. A la tête de deux compagnies de son bataillon, il sortit par le souterrain qui fait communiquer la caserne avec l'Hôtel de Ville, et pénétra, à minuit dans la grande cour, pleine d'insurgés. Appuyé par deux compagnies des mobiles de l'Indre, il fit croiser la baïonnette.

La terreur que le courage et l'ordre inspirent toujours aux émeutiers, se répand aussitôt dans le Palais, où l'on n'entend que ce cri : « Nous sommes trahis ; les mobiles arrivent [1]. »

En cet état de choses, et vers deux heures et demie du matin, les insurgés offrirent de capituler, à de certaines conditions, formulées dans la déclaration suivante, écrite de la main de Delescluze, et négociée par M. Dorian :

« Les citoyens soussignés, désignés dans les réunions de l'Hôtel de Ville pour présider aux élections de la Commune de Paris, et pourvoir aux nécessités du présent ;

« Sur la déclaration faite par le citoyen Dorian que les formalités électorales étaient remplies, que l'élection aurait lieu demain

---

[1] *Rapport de M. Daru*, page 214.

mardi, sous sa présidence et celle du citoyen Schœlcher, pour la Commune, et le jour suivant pour la réélection du gouvernement provisoire ;

« Dans l'intérêt de la patrie, et aussi en vue d'éviter un conflit qui serait un baptême sanglant pour la nouvelle république ;

« Déclarent que, réserve faite des droits du peuple, ils attendront le résultat des élections, qui doivent avoir lieu demain [1]. »

« Ces propositions, dit Millière, dans une lettre adressée à ses électeurs, furent acceptées *avec effusion* par MM. Jules Favre, Jules Simon, Garnier-Pagès et Tamisier, le tout en présence de Dorian, *qui en garantit l'exécution sur sa parole d'honneur* [2]. » M. Dorian, dans sa déposition devant la Commission d'enquête, confirma pleinement le témoignage de Millière.

Cependant, MM. Jules Favre, Jules Simon et Garnier-Pagès, après la conclusion de l'arrangement, s'étaient levés avec satisfaction et

---

[1] *Rapport de M. Daru*, page 224.
[2] *Ibid.*, page 224.

se disposaient à s'en aller, lorsque les gardes de Flourens déclarèrent qu'ils ne laisseraient sortir aucun prisonnier. Le vent de la sédition avait tourné. Flourens, Millière, Delescluze, Dorian, n'étaient plus les maîtres. Ils eurent beau remonter sur la table et haranguer de nouveau ; ce fut peine perdue. Blanqui et Jaclard dominaient, pour le moment, et ils exigeaient la démission pure et simple des captifs, exprimant tout haut le regret d'avoir laissé partir le général Trochu, au lieu de le fusiller [1].

Le lecteur sait déjà que M. Jules Ferry avait profité du désordre causé par l'enlèvement du général Thochu, pour s'échapper de l'Hôtel de Ville. De concert avec les autres membres du gouvernement libres comme lui, il avait réuni plusieurs bataillons de gardes nationaux dévoués à l'ordre, et, vers deux heures du matin, il se présenta devant l'Hôtel de Ville,

[1] *Rapport de M. Daru,* page 219.

pour en enfoncer les portes. Au lieu d'attaquer, il négocie. Il apprend la transaction intervenue entre les membres du gouvernement, prisonniers, et le comité de salut public, et l'approuve, sauf la clause relative à l'amnistie, que les insurgés avaient voulu y insérer.

Après deux heures de négociation et d'attente inutile, essayées par l'intermédiaire de M. Dorian, qui était l'auxiliaire des insurgés, M. Jules Ferry finit par où il aurait fallu commencer dès la veille. Il fit ouvrir les portes par les mobiles de la Bretagne et de l'Indre, massés dans les cours; et, précédé de ces braves gens, qui se précipitèrent la baïonnette en avant, il balaya les Bellevillois en un clin d'œil. Pas un de ces matamores ne fit mine de résister. « Sortez, leur dit M. Jules Ferry, mais je vous avertis que demain vous serez du gibier pour les limiers de la police [1]. »

Il était 4 heures du matin, le 1ᵉʳ novembre.

---

[1] *Déposition de M. Jules Simon,* page 499.

Blanqui et Flourens sortirent sous la protection du général Tamisier, qui les accompagna jusqu'à ce qu'ils fussent hors de danger. Ainsi finit cette journée du 31 octobre, que Blanqui, devant le conseil de guerre, appela « un 4 septembre manqué. » Le mot est parfaitement juste. Entre les émeutiers du Corps législatif et ceux de l'Hôtel de Ville, il n'y eut qu'une seule différence : le succès. Le crime était le même.

## VI

La victoire obtenue, les mobiles bretons ramassèrent, blottis dans les caves de l'Hôtel de Ville un assez grand nombre de prisonniers, qu'ils mettaient en lieu sûr. Pendant ces recherches, le maire de Paris, M. Étienne Arago, fut cueilli dans la cave au bois. « Ne me faites pas de mal, dit-il, je suis le maire de Paris [1]. » Le commandant de Legge ayant demandé à M. Jules Ferry ce qu'il fallait faire des prisonniers : « Relâchez-les, répondit-il. — Mais ceux que j'ai pris les armes à la main, et fusils chargés? — Ah! que voulez-vous? nous ne pouvons pas les garder, puisqu'on a relâché les autres. »

Ainsi tous les brigands furent mis en liberté. Le Préfet de police, M. Ed. Adam, imita cette magnanimité. Il fit mettre dehors tous ceux qui avaient été enfermés à la Conciergerie. Service pour service, c'était comme une amitié réciproque, de gouvernement à insurrection. L'émeute les avait fait puissants; ils les faisaient libres.

Mais, pendant les incertitudes de la lutte, il y eut une orgie immonde dans quelques mairies. Croyant au succès définitif du comité de

---

[1] *Déposition du commandant de Legge*, page 222.

salut public, les Mottu, les Jules Vallès les envahirent. Les frères et amis découvrirent le vin des blessés et les vivres des pauvres. En quelques heures, tout fut bu et mangé ; et il fallut ramasser les gardes nationaux ivres-morts sous les banquettes [1]. Au club des Batignolles, présidé par Mégy, l'assassin, la liste des membres du gouvernement proclamé par Flourens fut revisée. Victor Hugo et Ledru-Rollin en furent exclus, comme réactionnaires [2].

Le 1ᵉʳ novembre, à huit heures du matin, il y avait conseil au ministère des affaires étrangères. Tous les membres du gouvernement y assistaient, moins M. Pelletan. On y discuta la question des crimes de la veille.

Comme on devait s'y attendre, il y eut partage. MM. Garnier-Pagès, Jules Simon, Dorian, Em. Arago, Edmond Adam sont pour l'indul-

---

[1] *Rapport de M. Daru*, page 231-2.
[2] *Ibid.*, page 232.

gence. Ils doutent qu'après avoir aidé Blanqui et Flourens à sortir librement, on ait le droit de les poursuivre, eux et leurs complices. MM. Garnier-Pagès et Edmond Adam déclarent qu'ils se retireront si des arrestations sont ordonnées.

Le général Trochu, MM. Jules Favre, Picard et Jules Ferry se prononcent pour des poursuites. M. Rochefort est de leur avis. Deux magistrats de l'ordre le plus élevé, les deux chefs du parquet, M. le procureur général Leblond et M. le procureur de la République, appelés au conseil, proposèrent de couvrir du voile de l'oubli l'attentat du 31 octobre. « Quand la question de la répression s'est posée, dit M. Picard, nous avons trouvé une grande faiblesse de la part de l'autorité judiciaire. J'ai entendu dire par des hommes qui ne parlèrent pas seulement comme simples particuliers, mais comme magistrats, que les fauteurs du 31 octobre ne pouvaient pas être poursuivis et punis, et cela, parce que le gouvernement qui les poursuivrait *était né* lui-même d'un fait [1]. » C'était profondément vrai ; et le crime ancien toléré amnistiait le crime nouveau. La conscience des honnêtes gens ne change pas ; et l'on pourrait dire du gouvernement du 4 Septembre ce que Lucain avait dit des Gracques :

*Quis tulerit Gracchos de seditione querentes ?*

Donc, le parti de l'indulgence l'emporta ; et il fut décidé, à six voix contre quatre, qu'à l'avenir la plus grande énergie serait déployée ; mais que, pour le moment, aucune arrestation ne serait faite [2].

Cependant, un préfet de police énergique, plus libre envers les révolutionnaires que M. Adam, M. Cresson, venait de prendre la place de ce dernier. Il constata que, dès le 2 novembre, la conspiration de la veille se renouait ; et, sur sa proposition, le conseil fut saisi d'une

---

[1] *Déposition de M. E. Picard,* page 482.
[2] *Rapport de M. Daru,* page 238.

demande de mesures répressives. MM. Garnier-Pagès et Emmanuel Arago défendirent les conspirateurs ; mais le bon sens l'emporta, et, dans un conseil du 3, vingt-quatre arrestations furent résolues. La liste comprenait :

Blanqui, Flourens, Millière, J. Vallès, Levrault, Régère, Bauer, Genard, Eudes, Cyrille, Tibaldi, Maurice Joly, F. Pyat, Goupil, Jaclard, Pillot, Lefrançais, Ranvier, Razoua, Tridon, Vermorel, Vésinier, Ducoudray et Johannard. Les six premiers, véritables chefs de l'insurrection, échappèrent d'abord aux recherches de M. Cresson ; les autres, arrêtés le 5 novembre, furent mis à la disposition du parquet [1].

L'instruction commença; mais Goupil, Joly et Pyat furent relâchés sur parole. Une ordonnance de non-lieu libéra Tridon et Ducoudray; et, l'un après l'autre, Pillot, Genard, Eudes, Jaclard et Cyrille furent mis en liberté. Les

---

[1] *Rapport de M. Daru,* page 246.

autres, livrés à la justice militaire, furent tous acquittés, le 28 février.

Comment s'étonner de ces acquittements, tout scandaleux qu'ils fussent? voici comment M. l'avocat général Hémard, chargé de porter la parole devant la chambre des mises en accusation, appréciait les poursuites :

« Evidemment, dès le début, il y avait eu parti pris de soustraire certaines notabilités démagogiques à l'action du parquet... En ce qui concerne Delescluze : M. le procureur général et M. le procureur de la République, auxquels j'avais plusieurs fois demandé un mandat d'arrestation, m'ont déclaré qu'il ne fallait pas y penser... que la délivrance de ce mandat était impossible [1]. »

A quoi M. le comte Daru ajoute fort judicieusement dans son rapport :

« L'impunité, qui a couvert le crime du 31 octobre, a une autre cause à nos yeux, plus

---

[1] *Déposition de M. Hémard.*

décisive que l'insuffisance ou la lenteur de la procédure, signalées par M. l'avocat général Hémard.

« Mégy avait assassiné un officier de paix, porteur d'un mandat de justice; il venait d'être gracié par le gouvernement de la Défense nationale.

« Eudes avait assassiné un pompier à la caserne de la Villette, et il avait été mis en liberté par le gouvernement. On appelait ces crimes des crimes politiques. On les couvrait de l'indulgence du pouvoir. Enfin, Eudes et Mégy étaient devenus, l'un chef de bataillon, l'autre capitaine porte-drapeau de la garde nationale.

« Quelles conséquences veut-on que des jurés, civils ou militaires, tirent de faits pareils, si ce n'est que l'homme compromis dans un attentat politique a d'avance sa grâce assurée; qu'il est au-dessus de la loi, que la loi n'est pas faite pour lui, quelque crime d'ailleurs qu'il ait pu commettre [1] ?

---

[1] *Rapport de M. Daru,* page 248.

« Le gouvernement du 4 Septembre n'a pas su réprimer, il a laissé trop souvent violer, pendant cinq mois, les lois et les ordonnances protectrices, tantôt de la liberté, tantôt de la propriété, tantôt du domicile des citoyens ; et, par cette progression continue de désordres tolérés, il a préparé l'inévitable dénoûment que l'on a vu [1]. »

Et cependant les hommes honnêtes ne demandaient qu'à être protégés, et leur concours était acquis à la cause de l'ordre, même lorsque sa cause se trouvait dans les mains les plus défaillantes. On le vit bien le 3 novembre ; le gouvernement consulta Paris, en provoquant une sorte de plébiscite local ; et le scrutin donna le résultat suivant :

Pour le gouvernement . . 557,976 voix.

Contre le gouvernement . 62,638   »

Quel profit la ville de Paris tira-t-elle de cette démonstration ? — Aucun. Et cependant, le

---

[1] *Rapport de M. Daru*, page 250.

vœu général, qui venait de se prononcer pour le gouvernement, le poussait dans la voie de l'énergie et de l'ordre. « Le sentiment qui dominait, dit le général Ducrot, c'était qu'il fallait que le général Trochu prît la dictature, et en finît. Lorsqu'on vit qu'il ne prenait pas le parti de marcher dans cette voie, il y eut une réaction contre lui... Je dois dire que beaucoup de personnes, des hommes considérables, sont venus me tâter, pour me demander si je ne serais pas disposé à le remplacer... A partir de ce moment, la popularité du général Trochu, qui jusqu'alors était immense, alla toujours en déclinant [1]. »

On sait déjà que, le 31 octobre, à sept heures, pendant que le gouvernement et l'insurrection se disputaient l'Hôtel de Ville, M. Thiers retournait à Versailles pour négocier avec M. de Bismarck. Le but de la négociation c'était un armistice, avec ravitaillement, et la faculté de

---

[1] *Déposition du général Ducrot*, page 93.

procéder à des élections générales, pour la nomination d'une assemblée. « La Prusse alors voulait la paix, dit M. Thiers, et toute l'Allemagne avec elle [1]. » Quant aux conditions de l'armistice, elles ne soulevèrent pas d'objections sérieuses. « Il est certain, ajoute M. Thiers, qu'il était possible de se mettre d'accord sur ce qu'il conviendrait de faire..... La seule difficulté consistait dans la quantité de vivres à introduire dans Paris... Tout était prêt, la rédaction était arrêtée ; il ne restait plus qu'un point à régler, point difficile, il est vrai, celui des approvisionnements à accorder à Paris [2]. »

On en était là, lorsqu'on apprit à Versailles l'émeute du 31 octobre. Son premier effet fut de rendre le gouvernement prussien plus difficile, par l'espoir qu'il eut de devoir à la sédition la prochaine capitulation de Paris. L'octroi de l'armistice fut subordonné à cette restriction :

---

[1] *Déposition de M. Thiers,* page 25.
[2] *Ibid.,* pages 25-26.

ou point de ravitaillement pour Paris, ou la remise d'un fort, comme gage d'une prochaine pacification.

La paix! Tout, dans les désirs comme dans les intérêts de la Prusse, convergeait vers ce résultat. M. Thiers le déclare formellement : « Je regardais M. de Bismarck ; il me regardait lui aussi, et, presque en même temps, nous nous demandâmes si la paix ne serait pas immédiatement possible. Nous passâmes la nuit ensemble ; et, sans raconter ici des choses que l'histoire seule saura et devra dire, j'ai acquis la certitude que la paix, une paix douloureuse, mais moins que celle qu'il a fallu accepter plus tard, était dès lors possible [1]. »

L'histoire a déjà raconté les conditions de la paix, telles que la Prusse était prête alors à les accepter; le général Ducrot, qui était présent à la conférence de Sèvres, où M. Thiers les apporta, le 5 novembre, les a rapportées en ces termes :

[1] *Déposition de M. Thiers*, page 27.

« Si j'ai un conseil à vous donner, dit M. Thiers, acceptez l'armistice, même sans ravitaillement, afin de pouvoir convoquer une Assemblée sous le plus bref délai possible ; et, à l'aide de cette Assemblée, d'arriver à traiter des conditions de la paix. Je ne crois pas que la situation du pays et des armées soit telle que la continuation de la lutte puisse amener un bon résultat. AUJOURD'HUI, LA PAIX VOUS COUTERA L'ALSACE ET DEUX MILLIARDS ; *plus tard, indépendamment des maux et des souffrances de la guerre,* LA PAIX VOUS COUTERA L'ALSACE, LA LORRAINE, ET CINQ MILLIARDS [1]. »

On se rappelle que le 30 septembre, à Ferrières, M. de Bismarck offrit la paix à M. Jules Favre, moyennant la cession de STRASBOURG ET DE SA BANLIEUE et les frais de la guerre. Le gouvernement du 4 Septembre refusa.

Maintenant, 5 novembre, M. Thiers, au nom de M. de Bismarck, avec lequel il venait

---

[1] *Déposition du général Ducrot*, page 95.

de passer la nuit et de se mettre d'accord, offre encore la paix à M. Jules Favre moyennant la cession de l'ALSACE ET DE DEUX MILLIARDS. Le gouvernement du 4 Septembre la refusa encore.

Ce sont là des faits matériels que l'impartiale histoire a déjà irrévocablement établis. Il a donc fallu toute l'impudence des partis rivaux de l'Empire, pour répéter, comme on a pu l'entendre depuis cinq ans, que la dynastie napoléonienne est responsable de la perte de l'Alsace et de la Lorraine, ainsi que des cinq milliards de rançon qu'il a fallu payer!

Dans la soirée du 5 novembre, M. Jules Favre rendit compte au conseil de gouvernement réuni de la conférence qu'il venait d'avoir avec M. Thiers, au pont de Sèvres, en présence du général Ducrot. La Prusse n'accordait qu'un armistice de 25 jours, sans ravitaillement, ou la faculté de procéder aux élections d'une Assemblée, sans armistice. Les gouvernants du 4 Septembre, qui sentaient qu'une

Assemblée leur enlèverait le pouvoir, repoussèrent les propositions qui leur étaient faites. Dans ce conseil extraordinaire, il fut décidé, à l'unanimité, que « la proposition d'un armistice sans ravitaillement et celle de la convocation d'une Assemblée nationale sans armistice étaient incompatibles avec les devoirs de la défense nationale. »

Cette décision fut notifiée, le 6 novembre, à M. Thiers, qui fut également invité à quitter immédiatement Versailles. Il fut résolu en même temps qu'un manifeste, annonçant le refus de l'armistice sans ravitaillement, serait envoyé dans tous les départements, et qu'une note diplomatique serait communiquée aux représentants de toutes les puissances.

Cependant, au conseil du 8, M. Picard souleva la question de savoir s'il n'était pas sage de s'attacher, en procédant à des élections, à un moyen de faire cesser les hostilités.

Le général Trochu combattit la proposition ; il trouva que personne « ne leur pardonnerait

le triste rôle de chefs qui se seraient rendus. »
MM. J. Ferry, Garnier-Pagès, Arago, Pelletan et Jules Simon appuyèrent l'opinion du général Trochu. Les élections furent de nouveau repoussées, et la guerre à outrance résolue. C'est donc pour « jouer un rôle » que la France fut sacrifiée. La peur aussi exerça une influence considérable snr la conduite des hommes du 4 Septembre ; c'est un témoin irrécusable, le général Ducrot, qui le certifie :
« La crainte des fureurs populaires dominait les résolutions du gouvernement. »

Et ce qui constitue le crime dans la conduite de ces hommes, ce n'est pas précisément le parti auquel ils s'arrêtèrent de continuer, sans ressources sérieuses, une guerre désastreuse ; ce parti pouvait être une erreur de jugement commise de bonne foi ; le crime, c'est de s'être substitués à la France, d'avoir disposé d'elle sans la consulter ; c'est de lui avoir caché la vérité ; c'est de lui avoir menti après la conférence de Ferrières ; c'est de lui avoir menti après la conférence du pont de Sèvres; c'est de lui avoir laissé ignorer les offres de la Prusse de faire la paix : à Ferrières, au prix de la cession de Strasbourg; au pont de Sèvres, au prix de la cession de l'Alsace, et d'avoir fini, eux, d'abord par la capitulation de Paris, bien plus humiliante que celles de Sedan et de Metz; ensuite, par la cession de deux provinces et le payement de cinq milliards !

Voilà où est le crime, dont l'odieux restera attaché à leurs noms !

Ainsi Paris, qui est enveloppé par l'ennemi, se résout à une guerre sans trêve. Laissons-le, aux prises avec les Prussiens et les démagogues, épuiser sans résultat utile les péripéties d'un siége de trois mois, et suivons Gambetta à Tours et à Bordeaux, ayant moins de soucis de délivrer la France que d'établir sa dictature.

# CHAPITRE CINQUIÈME

## GOUVERNEMENT DE M. GAMBETTA

### I

Nous l'avons déjà dit, M. Gambetta arriva à Tours le 8 octobre. Avec quelle mission y était-il envoyé par le gouvernement de Paris, enveloppé et bloqué par l'ennemi depuis le 18 septembre ? De quels pouvoirs généraux ou spéciaux était-il investi ?

En se rendant à Tours par ballon, M. Gambetta avait une mission générale, qui consistait à y fortifier la délégation, composée de deux vieillards usés dans leur corps, plus encore dans leur autorité ; et une mission spéciale, qui consistait à s'opposer d'une manière autocratique aux élections générales, fixées au 16 octobre, par un décret du 1ᵉʳ de ce mois. La délégation venait de se décider à cet acte honnête, nécessaire, sur le vœu général et sous la pression morale de l'opinion publique. Dans l'effroyable crise où elle se voyait plongée, la France avait hâte de s'appartenir et de décider elle-même de ses destinées.

La délégation de Tours comprenait, comme on sait, deux membres du gouvernement central, qui étaient M. Crémieux et M. Glais-Bizoin. Ils avaient auprès d'eux M. l'amiral Fourrichon, associé à la délégation et chargé du ministère de la marine, avec l'intérim du ministère de la guerre.

M. Crémieux, en arrivant à Tours, s'était attribué tous les portefeuilles, même celui de la guerre, que lui disputait M. Glais-Bizoin. Ces deux *Parques*, comme les nommait facétieusement M. Steenackers, dans une dépêche, ne s'abusaient pas sur le crédit qu'ils pouvaient avoir, comme guerriers. M. Glais-Bizoin disait à M. Crémieux : « Si vous étiez ministre de la guerre, l'Europe entière ne pourrait pas s'empêcher d'en rire [1]. » Ils étaient, hélas ! aussi risibles l'un que l'autre ; ce qui n'empêcha pas la France d'en pleurer. Ce vieil avocat, tombé en enfance, lorsqu'il rencontrait dans la rue un homme dont la physionomie lui revenait, l'arrêtait et lui disait : « Seriez-vous capable de commander une armée ? N'avez-vous pas un plan, une idée militaire quelconque ? Nous ferons de vous n'importe quoi [2]. »

Le principal collaborateur de M. Crémieux, comme ministre de la guerre, était un célèbre bohème, surnommé *Pipe-en-Bois*, l'un des membres de la société de M. Gambetta. Le général Lefort, placé à la tête de l'adminis-

[1] *Déposition de M. Dufraisse,* p. 440.
[2] *Déposition de M. le général Le Flô,* p. 633.

tration de la guerre, dut se retirer devant cette jeunesse un peu trop débraillée, ainsi que devant *certains tripotages* auxquels il lui répugna de s'associer[1].

M. Glais-Bizoin, *l'autre parque*, ne fut jamais pris au sérieux, et sa tenue habituelle n'était pas faite pour inspirer le respect. « Il portait, dit le général d'Aurelles de Paladine, un veston rouge, couleur Solférino, un caleçon de flanelle et des pantoufles. Il recevait officiellement les généraux dans ce costume. »

Le 4 Septembre, dans la soirée, M. Glais-Bizoin mit les scellés sur les portes du Corps législatif, tandis que M. Floquet les mettait sur les portes du Sénat. Ce qui a fait dire à M. le comte Daru : « L'honneur d'avoir mis, le 4 Septembre, la clef du parlement dans sa poche appartient à M. Glais-Bizoin, assisté

---

[1] *Déposition du général Lefort*, p. 79.
[2] *Ibid.*, p. 79.

de M. Floquet¹. » « Il n'avait pas grande considération à Tours, ajoute le général d'Aurelles, on s'apercevait que les membres du gouvernement ne faisaient pas grande attention à lui². »

M. l'amiral Fourrichon peut être fidèlement peint en deux mots : il commençait toujours par la résistance, et il finissait toujours par l'acquiescement. Esprit irrésolu et caractère vacillant, il combattit toutes les fatales mesures proposées par Gambetta, et finalement il les vota toutes. Il n'eut de la fermeté qu'un jour. Lorsque M. Challemel-Lacour, préfet à Lyon, voulut soumettre les opérations militaires aux autorités civiles, il résigna le portefeuille de la guerre, qu'il avait par intérim.

C'est au milieu de ces gouverneurs que M. Gambetta arriva, le 8 octobre, vers deux

---

[1] *Rapport de M. Daru*, p. 60.
[2] *Déposition du général d'Aurelles de Paladine*, p. 208.

heures de l'après-midi. Il y eut immédiatement un conseil, auquel assistèrent M. Crémieux, M. Glais-Bizoin, M. Laurier, chef du personnel au ministère de l'intérieur, et M. de Chaudordy, délégué de M. Jules Favre aux affaires étrangères. M. Marc-Dufraisse, un démagogue émérite, de passage à Tours, eut également siége et voix à la délibération [1].

A ce premier conseil, M. Gambetta jeta sur le tapis le décret du gouvernement de Paris, du 23 septembre, qui ordonnait de suspendre les élections générales, en disant : « Voici le décret; il faut l'exécuter; le vôtre est brisé [2]. » Il n'y eut pas de discussion. La délégation de Tours subit en silence l'autorité du nouvel arrivant. Seul, M. Marc-Dufraisse opposa une vive résistance, et prédit à M. Gambetta qu'on lui reprocherait, un jour, à lui personnellement, d'avoir voulu retenir le pouvoir,

---

[1] *Déposition de M. Marc-Dufraisse*, p. 424.
[2] *Ibid.*, p. 424.

l'autorité dictatoriale, en ajournant indéfiniment la convocation d'une Assemblée[1].

Au second conseil, qui fut tenu le soir du même jour, il ne fut question que du partage des attributions, entre les divers membres de la délégation. M. Gambetta déclara qu'en la situation où se trouvaient les choses, l'administration de la guerre et celle de l'intérieur devenaient connexes, en raison des mesures de défense militaire, d'ordre public et de police qu'il y avait à prendre, qu'il fallait concentrer dans les mêmes mains les deux ministères, et joindre le portefeuille de la guerre à celui de l'intérieur. La question ainsi posée, il y eut vote. MM. Crémieux et Glais-Bizoin votèrent contre ; mais M. l'amiral Fourrichon donna sa voix à M. Gambetta, lequel se donna la sienne ; et comme un décret dont il était porteur lui attribuait en outre une voix prépondérante, il se trouva à

---

[1] *Déposition de M. Marc-Dufraisse*, p. 424.

la fois ministre de l'intérieur et de la guerre, c'est-à-dire en fait chef du gouvernement, et dictateur [1].

Comme ministre de l'intérieur, M. Gambetta était secondé par M. Laurier qui avait suivi la délégation avec les attributions de secrétaire général; par M. Spuller, un de ses amis de brasseries dont il fit, sans titre officiel, son chef de cabinet, et par un journaliste, M. Ranc, qui fut chef de la sûreté ou de la police générale.

Comme ministre de la guerre, il trouve à Tours M. le général Lefort, avec le titre de secrétaire général, lequel avait déjà organisé le 15ᵉ corps et commencé à organisé le 16ᵉ, c'est-à-dire réuni 70,000 hommes, en infanterie, cavalerie, artillerie et génie. Il lui adjoignit, dès le 18 octobre, M. de Freycinet, ingénieur des mines, son ami, et un Polonais, ingénieur des ponts et chaussées au service

---

[1] *Déposition de M. Marc-Dufraisse*, page 425.

de l'Autriche, M. Vieczffenski, dit De Serres, du nom de sa mère qu'il s'était donné. La résistance du général Lefort aux plans fantaisistes de M. Gambetta eut pour conséquence sa retraite du sécrétariat général, et l'intrusion dans les affaires de la guerre d'une foule d'avocats, de journalistes et même de notaires, car on verra M. Spuller, notaire à Langres, et frère de l'ami de M. Gambetta, nommé *inspecteur général des camps*. Parmi ces nombreux collaborateurs était M. Cavalier, plus connu sous le nom de *Pipe-en-Bois*, recueilli dans les estaminets de Paris.

Le rôle que M. Gambetta va jouer, dans les affaires de la France, sera, non pas grand, la vraie grandeur en politique étant inséparable du patriotisme et de la droiture, mais prépondérant et funeste, inspiré par le fanatisme et appuyé sur le mensonge. Afin d'apprécier la responsabilité qu'il encourut en se l'attribuant, il est nécessaire d'apprécier les pensées et les vues du gouvernement de la défense nationale au moment ou M. Gambetta fut envoyé à Tours.

Lorsque Paris fut enveloppé par les Prussiens, le 18 septembre, les hommes du 4 Septembre reconnurent qu'il leur était matériellement impossible de gouverner la France. ils songèrent alors à *fortifier*, à *compléter* la délégation de Tours, composée de deux vieillards sans autorité et sans prestige. On avait d'abord pensé à M. Jules Favre; mais, outre qu'il avait exprimé la résolution de rester à Paris, où l'on pensait alors que se ferait le plus grand effort de résistance, on n'osa pas, à raison de son âge, lui proposer la sortie en ballon, la seule qui restât, avec ses risques. M. Gambetta s'offrir, et on l'accepta. M. le général Trochu déclare que ce fut là le motif déterminant du choix dont il devint l'objet [1].

On l'envoyait donc à Bordeaux pour *seconder* les autres membres de la Délégation, par

---

[1] *Déposition du général Trochu*, page 284.

l'autorité de son âge et de son esprit ; mais le Gouvernement, en lui donnant des pouvoirs plus étendus qu'à ses collègues « ne prévoyait pas qu'il se ferait général en chef, raisonnant et fixant la stratégie des opérations [1]. » Pour moi, ajoute le général Trochu, je ne pouvais pas m'imaginer qu'il allait s'entourer d'un état-major, s'instituer général en chef, et conduire les affaires militaires. »

Cependant, d'après le témoignage de M. Jules Ferry, « la véritable mission de Gambetta, c'était d'organiser la defense [2] » ; et lui-même déclare qu'il s'était, en effet, offert à partir avec cette intention ; mais, outre qu'on ne s'attendait pas à ce qu'il se fît lui-même général d'armée, nul ne pensait alors, ni à Paris, ni en province, à donner aux armements le développement irréfléchi et décousu qu'ils reçurent sous l'impulsion de M. Gam-

---

[1] *Déposition du général Trochu*, p. 284.
[2] *Déposition de M. J. Ferry*, p. 411.

betta. M. le général Lefort, envoyé à Tours par M. le général Leflô, ministre de la guerre, ne pensait pas que l'armée à organiser pût avoir d'autre destination que de couvrir le midi de la France, et de *peser dans la balance*, lorsqu'on serait appelé à traiter de la paix [1].

Les généraux qui exécutèrent le plus loyalement la politique militaire de M. Gambetta, et ses propres amis eux-mêmes, ne pensaient pas autrement que M. le général Lefort.

M. le général Faidherbe ne croyait nullement à l'efficacité de la lutte à outrance. « J'eus, dit-il, une conférence avec M. Gambetta. Il était persuadé qu'on allait continuer la guerre, et qu'on arriverait à de bons résultats. Je lui ai dit : « Je suis d'un avis opposé. « L'honneur exigeait qu'après Sedan on con- « tinuât la lutte, mais je ne crois pas que Paris « puisse tenir longtemps ; et, une fois Paris « tombé, il n'y a pas de résistance possible.

---

[1] *Déposition du général Lefort*, p. 76.

« Dans le Nord, nous serions dévorés en un
« mois; et, dans le Midi, quelle résistance
« espérer [1]? »

M. Laurier, l'ami de M. Gambetta, et son chef du personnel à Tours, était bien plus explicite encore. Lorsque les délégués du Midi vinrent à Tours pour proposer l'organisation d'une ligue, M. Laurier les découragea. « M. Laurier scandalisa fort les ambassadeurs du Midi, dit M. Marc-Dufraisse, présent à l'entretien, afin de calmer leur ardeur belliqueuse. Il leur confessa, c'était avant l'arrivée de Gambetta, qu'après tout, ce qui se faisait n'était que pour la montre, et n'avait d'autre but que de masquer honorablement une retraite désormais obligée ; que dès lors il ne fallait pas tout mettre en révolution pour la guerre, puisque la paix était désormais nécessaire, inévitable et désirable [2]. »

---

[1] *Déposition du général Faidherbe,* p. 542.
[2] *Déposition de M. Marc-Dufraisse,* p. 428.

Voilà comment les hommes du 4 Septembre jugeaient la situation avant de lancer le pays dans une guerre à outrance. A Paris, le général Trochu traitait la résistance de folie; à Tours, M. Laurier la déclarait inutile.

Quel fut donc, en réalité, le mobile qui détermina les hommes du 4 Septembre à jeter la France dans une guerre qui, à leurs propres yeux, ne pouvait être que désastreuse? Ce mobile s'accuse dans tous leurs actes : c'était le désir de fonder la République, à tout prix, *per fas et nefas*. Il va diriger exclusivement M. Gambetta, dans son administration civile comme dans son administration militaire.

## II

Fonder la République, coûte que coûte, telle fut toute la politique de M. Gambetta. Or, il avait fort à faire, car la France n'en voulait pas. Cette démonstration est fort importante à faire; et nous allons y procéder, à l'aide du témoignage concluant des préfets même du 4 Septembre, lesquels donnent le plus complet démenti aux assertions de M. Gambetta.

Après son arrivée à Tours, M. Gambetta voulant justifier sa politique aux yeux du gouvernement de Paris, lui fit, dans une dépêche du 14 octobre, le tableau suivant de l'état dans lequel il avait trouvé l'opinion publique :

« Après avoir interrogé la plupart des

préfets, et étudié leurs déclarations, j'ai constaté une *unanime désapprobation des élections générales,* dont l'approche ne servait qu'à surexciter les divisions des partis. La décision du gouvernement de Paris a été accueillie, sauf par le parti légitimiste, *avec une véritable gaieté* [1]. »

Eh bien, cette exposition de l'état des esprits dans les départements, au mois d'octobre 1870, était un mensonge. Nous allons le prouver par les dépêches des préfets, adressées à la délégation de Tours.

Voici d'abord les dépêches de ceux qui, au nom des populations, déclarent que les élections étaient désirées, et que leur ajournement avait été l'objet des plus vifs regrets. Nous empruntons ces témoignages aux *dépêches officielles,* en deux volumes, publiées par la Commission d'enquête parlementaire sur les actes du Gouvernement de la Défense nationale.

[1] *Dépêches officielles,* t. II, p. 272.

*Calvados,* 25 septembre. « La dépêche ajournant les élections paraît invraisemblable, elle est regrettée par les populations, qui se préparaient aux élections pour apporter leur concours à la défense nationale. — Signé : Target[1]. »

*Charente,* 8 octobre. « Les esprits sont dans la plus vive anxiété. Si la nouvelle de l'ajournement des élections, donnée par l'agence Havas, se confirme, il faut s'attendre à un grand désarroi. — Signé : Babaud-Laribière[2]. »

*Dordogne,* 24 septembre. « On avait désiré *quand même* les élections pour la constituante. —. Signé : Guilbert[3]. »

Au témoignage de ces préfets, qui montrent combien les départements attachaient de prix à la faculté de recourir de nouveau au suffrage universel, il faut ajouter celui des

---

[1] *Dépêches officielles,* t. I, p. 167.
[2] *Ibid.,* p. 182.
[3] *Ibid.,* p. 245.

préfets qui attestaient que les populations étaient attachées aux représentants élus sous l'empire. En effet, le préfet du Nord s'exprimait ainsi, à ce sujet, dans une dépêche du 17 septembre :

« Votre décret sur les élections municicipales nous a perdus. Vous allez voir revenir en tête de la liste tous les anciens ministres et les membres de la majorité. Pas un de nous n'arrivera au quart des voix nécessaires. Je ne vois qu'un moyen de nous tirer de là. Un décret ordonnant la mise en accusation de tous les anciens ministres, et l'inégibilité de tous les anciens membres de la majorité. Nous ne sommes, nous, gouvernement républicain, qu'une infime minorité. Les paysans disent : *L'Empereur a été trahi par les riches et les républicains.* — Signé : Testelin [1]. »

C'est cette fidélité des populations envers les souvenirs de la dynastie et des institutions

---

[1] *Dépêches officielles*, p. 491.

impériales qui effraya les préfets de M. Gambetta, et qui les porta à le dissuader des élections, auxquelles on les aurait vu se précipiter. Voici en effet des preuves authentiques de cette vérité, tirée aussi des dépêches des préfets :

*Lozère*, 10 octobre. « La torpeur des campagnes de la Lozère est vraiment impossible à secouer. Il n'y a point ou il y a peu de républicains pour remplacer les fonctionnaires de l'empire.— Signé : Truchard-Dumolin .[1] »

*Ille-et-Vilaine*, 17 septembre. « Ici la réaction est active. Les campagnes ne sont pas assez préparées. Le mot République est encore un épouvantail. — Signé : Le Chartier [2]. »

*Haute-Marne*, 6 septembre. « Il faut fouetter les populations par la voie de la presse. J'ai supprimé le timbre sur les journaux. — Signé : Spuller [3]. »

---

[1] *Dépêches officielles*, p. 428.
[2] *Ibid.*, p. 341.
[3] *Ibid.*, p. 458.

*Nièvre.* « Les élections municipales du 15 seront la perte de la République, et le triomphe de la réaction. Paris n'a aucune idée de la province. La mesure est insensée. — Signé : Wagnien [1]. »

*Loire*, 17 septembre. « Comment on rapproche les élections ? C'est compromettre la République. Vous connaissez nos paysans. Si on refaisait les élections plébiscitaires, les *oui* seraient encore en majorité avec des élections aussi rapprochées, vous auriez des municipalités et une Constituante bonapartistes. — Signé : César Bertholon [1]. »

*Hérault*, 18 septembre. « Arrêtez immédiatement les élections de toute catégorie. Différemment, la réaction triomphera sur toute la ligne. En présence de cette situation, on ne pouvait aboutir qu'à nommer un comité de

---

[1] *Dépêches officielles*, p. 485.
[2] *Ibid.*, t. I, p. 378.

salut public dans chaque localité. — Signé : VÉRNHES [1]. »

*Finistère*, 18 septembre. « La situation des esprits ne permet pas de toucher beaucoup aux maires. Les élections pour la Constituante se présentent mal. Le moment est déplorable, le scrutin de liste nous perdra. — Signé : CAMESCASSE [2]. »

*Côtes-du-Nord.* « Reportez les élections municipales après celles de la Constituante. Elles donneraient des résultats déplorables, qui compromettraient les élections pour la Constituante. Il y va du salut de la République. Dans ce moment inopportun, les élections politiques ne pourraient être que très-mauvaises. — Signé : VIET DUBOURG [3]. »

*Aveyron*, 8 septembre. « Il est impossible de consolider la République, sans des pleins pouvoirs donnés aux Préfets pour dissoudre

---

[1] *Dépêches officielles*, p. 318.
[2] *Ibid.*, p. 277.
[3] *Ibid.*, p. 227.

les conseils municipaux, destituer les municipalités et les juges de paix ; je ne trouve aucune résistance dans les maires ; mais ils sont apathiques. — Signé : OUSTRY [1]. »

*Aude*, 17 septembre. « L'élection des conseils municipaux est une faute. Elle va nous redonner tous les maires de l'Empire. — Signé : TH. REYNAL [2]. »

On le voit, ce qui combattait les élections, ce n'étaient pas les populations, c'étaient les préfets de M. Gambetta, qui voyaient l'antipathie du pays pour la République, et qui redoutaient, comme M. Bertholon, à Saint-Étienne, de voir reparaître les *oui* du plébiscite. Quelques-uns de ces préfets eurent même la pensée de recourir à l'argent, pour faire arriver les républicains à l'Assemblée. M. Marc-Dufraisse offrit à M. Laurier de le faire élire dans les Alpes-Maritimes, moyennant 3 ou 4,000

---

[1] *Dépêches officielles*, p. 84.
[2] *Ibid.*, p. 75.

francs. « Avec un crédit de 3 ou 4,000 francs, lui disait-il, je me charge de faire passer une liste républicaine, sur laquelle vous serez[1] ; » et, répondant à cet appel, M. Laurier ouvrit le crédit[2]. Néanmoins, la tentative la plus audacieuse à cet égard fut tentée par M. Chalamet, préfet de l'Ardèche. Il eut l'audace d'adresser au Gouvernement, le 19 septembre, la dépêche que voici ;

« M. Charles Chapuis, banquier, préside la commission provisoire d'Annonay. *Sous l'influence des réactionnaires*, la Banque de France lui a signifié son retrait de compte. Depuis vingt ans, Chapuis est l'âme de la démocratie dans l'Ardèche. Il faut, à tout prix, *dans l'intérêt de la République*, et pour *sauver les élections* dans le département, secourir Chapuis. Il faut agir sur la Banque de France d'autorité[3]. »

[1] *Dépêches officielles*, t. II, p. 56.
[2] *Ibid.*, t. II, p. 502,
[3] *Ibid.*, t. I, p. 61.

Empêcher les élections, non parce que le pays n'en voulait pas, mais parce qu'elles auraient renversé la République, telle fut la pensée constante de M. Gambetta et de ses préfets. Aussi, lorsque, au mois de septembre, les élections furent annoncées, et lorsque, au mois de janvier suivant, elles devinrent certaines, la préoccupation dominante des usurpateurs de septembre fut-elle d'essayer de les dominer par tous les moyens. On a déjà vu que M. Testelin, commissaire général dans le département du Nord, ne voyait qu'un moyen d'empêcher l'ancienne majorité de se constituer, c'était de mettre en accusation tous les anciens ministres, et de déclarer inéligibles tous les serviteurs de l'Empire; et l'on verra que M. Gambetta, infatué de cette même idée, et plein de mépris pour le suffrage universel, donnera sa démission, plutôt que d'admettre la liberté electorale. L'un des préfets les plus intelligents du 4 septembre, M. Marc-Dufraisse, insista, le moment venu, pour que tous les préfets fussent déclarés éligibles :

« Ce serait, écrivait-il à M. Laurier, une faute énorme que d'obliger les préfets à donner leur démission pour être élus, vous jetteriez le pays dans les mains de la réaction[1]. »

De son côté, M. Testelin écrivait, le 17 septembre : « Les coteries actuelles sont encore toutes puissantes, et elles sont contre nous ; il faut supprimer l'incompatibilité qui frappe les préfets, car tout notre personnel de candidats républicains est préfets ou sous-préfets[2]. »

En effet, le parti républicain n'offrait pas, même en hommes médiocres, un personnel suffisant pour suffire à la fois aux places et aux candidatures. Tous les journalistes, tous les avocats, tous les médecins, tous les avoués,

---

[1] *Dépêches officielles*, p. 55.
[2] *Ibid.*, p. 491.

tous les notaires, tous les déportés, enfin tout le personnel de la démagogie, s'était rué sur les préfectures, les sous-préfectures, sur les inspections des camps, et encore il n'y en avait pas eu assez. On trouve, à chaque pas, dans les dépêches du gouvernement, cette interrogation : « Voulez-vous être préfet ? » Ou cette autre : « Avez-vous sous la main un homme capable d'être préfet ? » Aussi, lorsque les élections générales furent annoncées, au mois de septembre, on vit une avalanche de préfets et de sous-préfets offrir leur démission, pour être candidats. De ce nombre furent : le préfet de l'Ain, avec le sous-préfet de Nantua ; le préfet de l'Allier, avec le sous-préfet de la Palisse ; le préfet de l'Aude, avec le sous-préfet de Narbonne ; les préfets de l'Aveyron, de la Creuse, du Gers, de l'Isère, du Jura ; enfin, le préfet du Nord, M. Testelin.

Il convient d'ajouter que fort peu de ces candidats furent élus.

## III

Pendant que le gouvernement de Tours était uniquement guidé par la pensée d'établir la République, le pays, moins les démagogues, n'avait qu'une préoccupation, bien différente: c'était d'arrêter l'ennemi, et de consacrer tous les efforts possibles à rétablir l'indépendance du territoire. Oubliant ses justes griefs contre les misérables ambitieux qui, pour s'emparer du pouvoir, s'étaient faits les auxiliaires des envahisseurs, la France offrait tout, hommes et argent, pour opérer sa délivrance.

Et cependant, avec quelle indignité elle avait été trompée! le 4 septembre, à 6 heures du soir, M. Gambetta, déjà ministre de l'intérieur, avait adressé une circulaire aux préfets et aux sous-préfets, leur annonçant que le *Corps législatif avait prononcé la déchéance de l'Empire*. Ce n'était pas vrai ; le Corps législatif s'était refusé, le 4, à prononcer la déchéance, et, le 5, il avait protesté contre la violence dont il avait été l'objet. Le même jour, M. Gambetta annonçait encore aux préfets et aux sous-préfets que la *population de Paris* venait de proclamer la République, ce n'était pas vrai non plus ; la République avait été proclamée, à l'Hôtel-de-Ville, par les seuls députés de Paris, alors aidés et bientôt débordés par les émeutiers de profession et les repris de justice.

Avec quelle audace encore elle avait été insultée ! Dès le cinq septembre, les autorités de Toulouse, de Marseille, de Beauvais, reçoivent l'ordre d'ouvrir les portes des maisons d'arrêt, et les condamnés de la police correctionnelle ou des conseils de guerre, mis en liberté, vont narguer l'opinion publique. Des assassins, comme Eudes et Mégy, deviendront colonels de la garde nationale.

Eh bien, malgré ces mensonges et ces insultes, la France ne se laisse pas détourner du sentiment patriotique qui l'absorbe tout entière; la défense du sol, telle est la seule passion qui l'anime, qui dirige et qui multiplie ses efforts.

Une immense perturbation était jetée dans l'organisation des forces administratives; le 20 septembre, les conseils municipaux étaient dissous [1]; le 25, M. Crémieux *fauchait* les juges de paix, et se vantait, le 28 novembre, d'en avoir *fauché* six cents [2]; le 24 décembre, on dissolvait les conseils généraux [3]. Et pourquoi? Parce qu'on se défiait des élus du suffrage universel, et qu'on voulait substituer partout des hommes passionnés à des hommes honnêtes.

Et cependant, pas une commune n'avait résisté à la révolution brutale du 4 Septembre;

---

[1] *Dépêches officielles*, f. 1, p. 249
[2] *Ibid.*, f. 1, p. 263, 333.
[3] *Ibid.*, f. 1, p. 399.

pas un département n'avait hésité à accorder l'argent nécessaire pour organiser la défense nationale. Si l'on examine rapidement la mesure des sacrifices de ces conseils généraux de l'Empire, on trouve que, du 15 septembre au 1ᵉʳ novembre, le Cantal a donné 1 million ; la Corrèze, 500,000 fr. ; la Creuse, 400,000 fr. ; l'Ille-et-Vilaine, 1,500,000 fr. ; la Loire-Inférieure, 1,250,000 fr. ; Saône-et-Loire, 1,500,000 fr. ; le Gard, 1,500,000 fr. ; le Nord, 15 millions ; et tous ces sacrifices furent faits sans hésitation et partout à l'unanimité. Quelques départements furent privés de cet honneur ; par exemple, l'Ariége, dont le conseil général fut dissous, le 17 novembre, par son préfet, nommé Anglade [1] ; et le Gers, où une commission spéciale fut également nommée, sous la pression d'un aventurier, ami de Gambetta et de Spuller, et qui prit sa part au désordre et aux tripotages du camp de Toulouse [2].

[1] *Dépêches officielles*, f. 1, p. 70. [2] *Ibid.*, f. 1, p. 308.

Comment le gouvernement de M. Gambetta répondait-il au calme et patriotique concours des populations? par des mensonges, de nature à les égarer, ou par la nomination d'administrateurs, de nature à annihiler l'élan des forces publiques.

Ainsi, le 14 octobre, M. Gambetta adressait à tous les préfets une dépêche-circulaire leur annonçant une sortie victorieuse de la garde nationale de Paris, sur tout le périmètre de la capitale ¹. C'était un mensonge, destiné à remonter la confiance publique et qui sera complété par la célèbre dépêche-circulaire du 1ᵉʳ décembre, annonçant que l'armée de Paris, ayant forcé la ligne du blocus, était parvenue à Épinay, au-delà de Longjumeau. La garde nationale de Paris n'avait fait aucune sortie ; et les seuls événements militaires notables, à cette époque, c'était, à Paris, la lettre du général Trochu

¹ *Dépêches officielles*, t. I, p. 246, 428.

au maire de Paris, annonçant le dépôt de son testament chez le notaire Ducloux, avec un plan qui assurait la victoire [1]; à Tours, l'occupation d'Orléans par les Prussiens, qui menaçaient Bourges ; et les préparatifs que faisait déjà M. Gambetta, pour transporter le siége de son autorité, soit à Clermont-Ferrand, soit à Bordeaux [2].

On devine, sans qu'il soit besoin d'y insister, ce qu'avait naturellement dû produire, comme administrateurs, la presse d'avocats, de notaires, d'avoués, de journalistes, de médecins, d'oculistes faite, après le 4 septembre, pour remplir les préfectures. Il suffira de crayonner en quelques traits les faits et gestes de deux d'entre eux, M. Esquiros, préfet des Bouches-du-Rhône, et M. Duportal, préfet de la Haute-Garonne.

M. Esquiros est un lettré qui, en prose et en vers, a composé beaucoup d'ouvrages ré-

---

[1] Wachter, *La guerre de* 1870-1871, p. 553.
[2] *Dépêches officielles*, t. II, p. 274.

publicains, socialistes et anti-religieux. L'un de ces derniers lui valut d'abord huit mois de prison, et plus tard une candidature aux assemblées. Il avait été envoyé par la ville de Marseille au Corps législatif, en 1869; la révolution du 4 Septembre l'y renvoya comme préfet.

L'administration de M. Esquiros fut une débauche d'arbitraire et de violence. Sous son autorité, la préfecture de Marseille était devenue, dit M. Gent, qui le remplaça, une *auberge* et une *caserne* [1]. Il avait pour garnison une bande de quelques centaines d'hommes, récoltés dans les bas-fonds d'une ville où grouille le rebut des cités maritimes de la Méditerranée, et qui avaient été organisés par Cluseret. Cette bande s'appelait *garde civique*. Elle dominait Marseille par la terreur, et M. Esquiros, qui en était le chef, en était aussi le prisonnier.

L'administration de M. Esquiros eut toutes

[1] *Dépêches officielles*, t. I, p. 126.

les péripéties d'un vieux drame de boulevard. Il fait arrêter sur leurs siéges, par ses prétoriens, les magistrats du tribunal civil, se les fait amener entre deux haies de soldats, et les insulte [1]; il fait reconduire à la frontière les jésuites, qui, pour être des religieux, n'en étaient pas moins des citoyens. Il propose au ministre de la justice de suspendre la cour d'Aix et les tribunaux d'arrondissement [2]. Menacé dans sa dictature, il déclare publiquement qu'il marchera *sans* le gouvernement, et au besoin *contre* lui [3]. Des batailles ont lieu à la Préfecture; M. Naquet saute par la fenêtre [4], et M. Marc-Dufraisse, envoyé comme commissaire général est arrêté [5]. Devenu enfin le scandale de la ville, impuissant à faire le bien et à empêcher le mal, il offre sa démission, qui est acceptée, et déclare se retirer devant

---

[1] *Dépêches officielles*, t. 1, p. 98.
[2] *Ibid.*, t. 1, p. 99.
[3] *Ibid.*, t. 1, p. 101.
[4] *Ibid.*, t. 1, p. 102.
[5] *Ibid.*, t. 1, p. 113.

l'insuffisance et la lâcheté du gouvernement de Tours[1]. Il est remplacé par M. Gent, auquel on tire un coup de pistolet, pendant son installation ; et finalement, après le plus honteux gaspillage, attesté par son successeur[2], après avoir été défrayé de tout, il se trouve dans une misère qui le force, pour pouvoir quitter Marseille, à accepter 4,000 fr. que M. Gent, avec l'assentiment de M. Gambetta, lui fait allouer sur les fonds des employés à la surveillance des prostituées. « Laissez-moi dit M. Gent à M. Laurier, régler l'affaire d'Esquiros, sur les bases convenues avec Gambetta. J'aurai les fonds à l'aide d'un virement déjà fait, et ce sera un bon débarras, et pour lui et pour moi[3]. En effet, M. Gambetta avait ainsi réglé cette affaire, dans une dépêche du 21 décembre à M. Gent : « Vous pourriez prendre les quatre mille francs en

---

[1] *Dépêches officielles*, t. 1, p. 112.
[2] *Ibid.*, t. 1, p. 143.
[3] *Ibid.*, t. I, p. 143-3.

question *sur la caisse des mœurs,* que je vous ferais couvrir à Bordeaux, sur la caisse centrale du ministère[1]. »

D'après le témoignage de M. Gent, le Préfet de Marseille du 4 Septembre est un homme qui *vit en dedans,* et qui *est aveugle* pour les faits extérieurs[2]. C'était là, on en conviendra, une étrange personnalité pour un préfet de grande ville, qui ne voyait ni le désordre, ni le déshonneur.

M. Duportal, préfet de Toulouse, n'était qu'une tête ardente, désobéissant au gouvernement avec délices, et le bravant avec fierté ! Le 6 novembre, après deux mois de pouvoir, le gouvernement de Tours, estimant qu'il devait avoir la direction de ses préfets, lui demanda sa démission. Le Léonidas de la Garonne répondit par cette mémorable dépêche :

« Vous me demandez ma démission ! Que celui d'entre vous qui a fait un jour de prison pour

---

[1] *Dépêches officielles,* t. 2, p. 385.
[2] *Ibid.,* t. 1, p. 150.

la République, vienne la chercher. Duportal[1]. » C'était littéraire, mais ce n'était pas
administratif. Un successeur lui est donné,
le 8 novembre[2]; il refuse de le recevoir, appuyé sur une émeute, et M. Gambetta
le subit. Il était pour les volontés énergiques;
et, le 1ᵉʳ février, lorsque la lutte s'engagea
entre les deux gouvernements de Tours et de
Bordeaux, il écrivit à M. Gambetta : « Affir-
mez fortement votre dictature, la France
est affolée d'obéissance et d'asservisse-
ment[3]. »

Après l'arrivée de M. Thiers au pouvoir,
M. Duportal céda enfin, mais devant la force
armée; et il peut se vanter d'avoir été, en
France, le seul Préfet qui n'ait pu être révo-
qué qu'avec du canon. De tels administrateurs
font juger le parti à qui ils appartiennent et
le gouvernement qui les emploie.

---

[1] *Dépêches officielles*, t. 1, p. 200.
[2] *Ibid.*, t. 1, p. 200.
[3] *Ibid.*, t. 1, p. 293.

C'est donc avec des préfets incapables, brouillons ou révoltés, que M. Gambetta organisa sa dictature, se heurtant, dans une activité fiévreuse, aux obstacles naturels qui naissaient de sa situation, et ne réussissant, dans une entreprise où la réussite finale était impossible, qu'à maintenir l'intégrité de son pouvoir, pour succomber sous une responsabilité bien entière et bien complète.

Aussitôt après la proclamation de la République, le désordre qui en fut la suite fit germer dans les têtes ardentes de vagues projets de domination. Il se forma dans l'ouest, dans le midi, dans la vallée du Rhône, des projets de ligues locales, sans programmes bien arrêtés, mais tendant néanmoins à une administration séparée des ressources en argent et en hommes, pour la défense nationale. Les délégués des groupes départementaux, qui s'étaient fait les promoteurs de ces ligues, se présentèrent à Tours; on les y découragea avec des ménagements[1]; et M. Gambetta finit par rompre en visière avec elles. « Le gouvernement n'a jamais adhéré à la ligue du Midi, écrivait-il, le 8 novembre, au préfet de l'Isère, parce qu'il ne peut pas reconnaître de prétendus groupes qui visent à exercer le pouvoir exécutif. La proclamation que l'on dit circuler sous mon nom est apocryphe[2]. »

Il en fut de même d'un essai tenté par quelques ambitieux, en vue de constituer auprès de M. Gambetta une sorte de conseil, formé de républicains, désireux, soi-disant de le seconder, mais se réservant naturellement de le contenir et de le remplacer au besoin. M. Ranc, directeur de la sûreté générale, dénonça ce projet à M. Gambetta, pendant son séjour à Lyon, le 21 décembre. « On parle, lui dit-il, d'appuyer le gouvernement, au moyen d'un certain nombre de démocrates

[1] *Déposition de M. Marc-Dufraisse*, p. 428.
[2] *Dépêches officielles*, t. 2, p. 292.

éprouvés, choisis par les départements. Vous voyez le thème d'ici!!! Gambetta est aux armées, le gouvernement sans lui est trop faible, il faut le réconforter moyennant Grévy, Duprat, Pierre Lefranc et quelques autres. J'ai reçu plusieurs délégations dans ce sens : vous à Bordeaux, il n'y aurait nulle gravité; mais Crémieux étant réduit à lui-même, des complications sont possibles. D'où je conclus que s'il vous est possible de venir à Bordeaux, ne fût-ce que deux jours, ce sera très-bien [1] ». Le même jour, M. Laurier se montra inquiet des mêmes tentatives, « cette agitation n'a rien de sérieux, dit-il ; néanmoins j'aimerais bien te voir revenir ici [2] ».

Ces révélations firent dresser l'oreille à M. Gambetta, qui vit son pouvoir menacé; M. Laurier fut obligé de le rassurer le 23 décembre, et M. Ranc le 25. « Ces tentatives pour pousser à la nomination d'une sorte de

[1] *Dépêches officielles*, t. 2, p. 381.
[2] *Ibid.*, t. 2, p. 391.

consulte d'Etat, dit M. Laurier, n'ont ému personne, ni la population, ni nous. Ce sont des intrigues individuelles, rien de plus ; la population de Bordeaux est tout à fait dans notre sentiment, et nous prêterait tout son appui, *s'il en était besoin*; mais nous n'en avons pas besoin [1]. » M. Ranc ajoutait : « Il n'y a pas à vous préoccuper du plan Grévy-Pascal Duprat, que je vous ai signalé. Cela se borne toujours à des conversations; cela tient de la place, mais ce n'est pas dangereux[2]. »

Ce projet, que la résistance de M. Gambetta et de ses amis fit échouer, ne fut néanmoins jamais abandonné. On le verra aboutir à un comité de salut public, nommé par acclamation, le 6 février, dans une réunion tenue au grand théâtre de Bordeaux; mais M. Gambetta donnait sa démission le soir même, et le Comité de salut public sombra dans le naufrage commun de la démagogie.

[1] *Dépêches officielles*, t. 2, page 393.
[2] *Ibid.*, t. 2, page 403.

On doit donc cette justice à M. Gambetta, qu'il eut, même jusqu'à l'arbitraire et à la violence, le sentiment du pouvoir, et l'on verra que si, au dernier moment, le cœur lui manqua pour le conserver, c'est qu'il se voyait abandonné par la France. Il eut même une ambition qui avait à la fois sa témérité et sa grandeur. Lorsque, après sa victoire du 31 octobre sur l'émeute de l'Hôtel de Ville, le gouvernement de Paris se fut fait plébisciter, il sembla à M. Gambetta que son pouvoir était désormais dépourvu de toute autorité. Il l'écrit aux membres du gouvernement central, en ces termes : « On comprend partout que le seul fait de vous mettre aux voix, dans l'intérieur de Paris, sans consulter le reste de la France, frappe de nullité la représentation du gouvernement en province, auquel, de tout côté, on va demander le baptême [1] ». La conséquence naturelle du sentiment de l'infériorité où la ratification du

---

[1] *Dépêches officielles*, t. II, page 293.

gouvernement de Paris plaçait celui de Tours, c'était de lui procurer la même force, en lui faisant subir la même épreuve. M. Gambetta eut donc aussi la pensée de se faire plébisciter. M. Gambetta l'affirme en écrivant, le 7 novembre, à M. Jules Favre : « Approuvez-vous que nous posions à la France entière, dans les quarante-huit heures, la question que vous avez posée à Paris [1] ? »

M. Crémieux le confirme, en disant à la date du 28 novembre : « Nous voulions, Gambetta et moi, l'acclamation des départements ; nous avons cédé à l'opposition de Glais-Bizoin. Nous avons eu tort, la majorité se fût déclarée immense [2]. » On peut affirmer que la France, malgré la confiance de M. Crémieux, n'eût pas manqué de faire, pendant le mois de novembre, la réponse qu'elle fera le 8 février.

Armé des pouvoirs qu'ils s'étaient attribués,

---

[1] *Dépêches officielles*, t. II, page 298.
[2] *Ibid.*, t. II, page 324.

et qui, de fait, étaient absolus, secondé par le personnel que nous venons de faire connaître, M. Gambetta va user de la dictature politique pour organiser la guerre à outrance ; et comme, dans le sybaritisme de son orgueil, il ne tolérait pas le moindre gravier dans sa marche, il eut soin de faire arrêter M. le duc d'Albuféra et M. Pinard, qui le gênaient, et de s'assurer que M. Noubel et M. Granier de Cassagnac étaient, à sa demande, révoqués de leurs fonctions de maire [1]. »

[1] M. le duc d'Albuféra fut arrêté en vertu d'une dépêche du 17 septembre ; M. Pinard, par ordre expédié le 28 décembre. Les ordres relatifs à M. Noubel sont du 4 novembre ; et la dépêche du préfet du Gers annonçant la révocation de M. de Cassagnac est du 12 septembre.

## IV

La mission de M. Gambetta, envoyé à Tours, comportait l'organisation des troupes restées disponibles dans les dépôts, le soin de les exercer et de les armer, et de tirer des hommes déclarés mobiles ou mobilisables le parti que les circonstances et le bon sens pratique conseilleraient et permettraient. Dans la pensée de l'amiral Fourrichon, chargé par intérim du portefeuille de la guerre, et du général Lefort, délégué, comme secrétaire général à la direction des affaires de ce département, l'organisation des nouvelles forces militaires ne comprenait pas la tentative sérieusement envisagée de délivrer le territoire avec des soldats improvisés et des cadres nécessairement défectueux. Les deux vraies et grandes armées de la France étant, l'une prisonnière en Allemagne, l'autre enveloppée autour de Metz, des forces levées à la hâte, sans instruction possible, sans cohésion, sans habitude du campement, de la marche et des armes, ne pouvaient évidemment, quelle que fût leur bravoure, avoir raison de l'armée allemande, composée de vrais soldats, bien équipés, bien commandés, rompus au métier de la guerre, et dont la confiance était doublée par leurs succès.

Aussitôt arrivé à Tours, le 15 septembre, M. le général Lefort s'assura que chaque dépôt pourrait fournir une compagnie ; par ses ordres, ces compagnies furent appelées sur des points de concentration ; et, fortifiées par trois régiments d'Afrique, elles servirent à constituer le 15° corps, dont le commandement fut confié au général de La Motterouge [1].

En même temps, des ordres, expédiés dans

[1] *Déposition du général Lefort*, page 73.

tout le Midi et le Centre, firent transporter tous les mobiles sur la rive droite de la Loire. Ils étaient destinés à former un réseau s'étendant des Vosges à l'entrée de la Manche. Les chefs de ces mobiles embrigadés avaient pour instruction d'éviter les engagements sérieux, et d'arrêter tous les uhlans qui tenteraient de pénétrer sur la rive gauche de la Loire. En outre, les régiments de mobiles les mieux organisés furent appelés à la formation du 15° corps.

Formé à 10,000 hommes par brigade, et à trois divisions, le 15° corps avait un effectif d'environ 70,000 hommes, avec la cavalerie, l'artillerie et le génie. Ces trois divisions étaient formées, le 1er octobre, à Bourges, à Nevers et à Vierzon; et le général Lefort commença immédiatement la formation d'un 16° corps.

En mettant ces forces sur pied avec rapidité mais avec prudence, l'amiral et le général Lefort, approuvés en cela par la délégation de Tours, ne se proposaient pas de chasser les Allemands. Voici leur commune pensée : « Je disais au Ministre de la guerre : cette armée ne peut pas être destinée à agir efficacement, mais je regarde son organisation comme indispensable ; elle aura un effet moral considérable, non-seulement sur les défenseurs de Paris, mais encore sur les populations du Midi et du Centre, qui sentiront qu'il y a une armée française entre elles et les Prussiens. J'ignore quel en sera le chiffre ; mais nous la ferons aussi forte que possible ; et si, comme nous l'espérons tous, Paris doit être délivré dans quelques mois, alors nous aurons au moins une armée (j'espérais pouvoir la porter à 200,000 hommes), qui pourra, lors même qu'elle n'aurait pas tiré un coup de fusil, peser dans la balance, comme si nous devions être appelés à traiter de la paix[1]. »

---

[1] *Déposition du général Lefort*, p. 74.

Telle était également la manière dont le gouvernement de Paris envisageait sa situation. En mettant une somme de 150 millions à la disposition de la délégation de Tours [1], M. Picard, ministre des finances, ne supposait pas qu'elle dépenserait UN MILLIARD en quatre mois ; et, en faisant partir M. Gambetta, le général Trochu déclara qu'il ne supposait pas qu'il allait s'entourer d'un état-major, se constituer général en chef, et conduire les affaires militaires [2].

Mais on avait compté sans les passions violentes du parti dont M. Gambetta avait pris la direction. Il voulait tout, il était prêt à tout, pourvu qu'il parvînt à atteindre son but, qui était l'établissement de la République.

Il faut bien reconnaître que la responsabilité du 4 Septembre écrasait les hommes qui l'avaient assumée. Renverser un gouver-

---

[1] *Déposition de M. Picard*, p. 490.
[2] *Déposition du général Trochu*, p. 284.

nement en présence de l'ennemi, prendre sa place par la force, c'était, si l'on échouait dans cette criminelle entreprise, jouer les destinées de son parti, et, si l'on trouvait finalement en face de soi un pays justement indigné, c'était encore jouer sa tête. Le parti le sentait ; le préfet de l'Orne, M. Christophle, écrivait : « Quand la République aura chassé les Prussiens, elle sera fondée [1]. » Le préfet du Bas-Rhin, M. Engelhard, écrivait la même chose : « Si l'étranger est chassé, la République est impérissable [2]. »

Ainsi, fonder la République ! tel est le cri constant de M. Gambetta, et pour cela, il veut la guerre à outrance ! Ce n'est pas assez, il ajoute : « Nous prolongerons la lutte JUSQU'A L'EXTERMINATION [3]. » Mais, dira-t-on, l'extermination de quoi ? La sienne et celle de ses amis ? Oh ! que non pas ! Lui, que risque-

---

[1] *Dépêches officielles*, t. I, p. 514.
[2] *Ibid.*, t. II, p. 1.
[3] *Dépêche de M. Gambetta*, t. II, p. 427.

t-il? Absolument rien. Bohême, sans position, sans patrimoine, sans un toit, sans un lit à lui, il brave toutes les ruines. Prudent, braillard, fiévreux, il va pousser les mobiles et les mobilisés dans la neige, sans vêtements, sans pain, du coin de son feu, environné de pourpre et d'or. En effet, le 16 décembre, après la déroute du Mans, et la dispersion de la deuxième armée de la Loire, M. Steenackers, son directeur général des télégraphes, lui écrivait : « J'ai été voir vos appartements ce matin : ON Y NAGE DANS DES FLOTS DE POURPRE ET D'OR[1]. »

Ainsi, quatre jours après cette navrante déroute du Mans, lorsque les mobilisés bretons et les mobiles du camp de Conlie fuyaient à travers les bois ou dans la boue, nus, sans armes, sans souliers, emportés dans un tourbillon qui les jetait précipitamment sur Laval, M. Gambetta, bien fourré, bien chaud, bien repu, le cigare aux lèvres, la gaieté sur le visage,

[1] *Dépêches officielles*, t. II, p. 367.

mandait ainsi à M. Steenackers l'état de son âme : « VOS CIGARES SONT EXQUIS ! soyez GAIS et de bonne composition¹. » A quoi M. Laurier, revenant d'Angleterre, où il était allé chercher de l'argent, répondait : « J'arrive et je trouve la dépêche où tu nous dis *d'être gais*. Je vais l'être *sur parole, si je peux*². »

La guerre d'extermination n'était donc pas de nature à compromettre la personne ou les biens de M. Gambetta. Il y trouvait au contraire un moyen d'être *gai*, en fumant les *cigares exquis*, expédiés par M. Steenackers, et en se reposant dans son luxueux appartement de Bordeaux, nageant dans *des flots de pourpre et d'or*.

Même avant que M. Gambetta eût pris la direction des affaires militaires, à Tours, ses amis, ceux qui devaient être ses inspirateurs en même temps que ses auxiliaires, envisa-

---
¹ *Dépêches officielles*, t. II, p. 360.
² *Ibid.*, t. II, p. 361.

geaient la guerre comme devant être faite dans des conditiuns inusitées. M. Laurier se plaignait de la marche régulière et méthodique de l'amiral Fourrichon, lequel pourtant en quinze jours, et secondé par le général Lefort, mettait sur pied le 15ᵉ corps, offrant un effectif d'environ 70,000 hommes. « C'est un honnête, disait-il, mais tout à fait court d'esprit, entiché de la hiérarchie et des règles ordinaires, tandis que nous ne pouvons nous causer que *par l'extraordinaire*. Steenackers propose des mesures *excellentes*, et d'une *énergie effrayante*. Que faire[1] ? »

Et veut-on savoir quelles étaient ces *mesures excellentes*, et d'une *énergie effrayante*, qui auraient tout sauvé ? Les voici, expliquées par leur auteur :

« J'ai proposé d'abord de faire sonner le tocsin dans toutes les communes; puis de décréter que tous les fusils de chasse seront

---

[1] *Dépêches officielles*, t. II, p. 255.

déposés dans chaque mairie, à la disposition du comité de défense; puis, de former des petits détachements de 20, 50 ou 100 hommes, commandés par un des leurs qui couperont les convois, harcèleront l'ennemi, et SUSPENDRONT AUX ARBRES BEL ET BIEN, PAR LE COU, après les avoir MUTILÉS, tous les ennemis qu'ils pourront prendre; puis de prendre en Algérie, EN LES PAYANT LARGEMENT, 20 ou 30,000 Kabyles, et de les jeter en Allemagne, avec facilité d'INCENDIER, de PILLER et DE VIOLER TOUT CE QU'ILS TROUVERAIENT SUR LEUR ROUTE; puis de faire imprimer en allemand le RÉCIT EXAGÉRÉ DE CETTE INVASION, et d'en répandre des millions d'exemplaires dans les camps de l'ennemi, sous Paris et sous Metz[1]. »

A cette époque, M. Gambetta avait encore du bon sens. Au lieu de trouver de l'*énergie* dans le projet de M. Steenackers, il n'y trouva que de la sottise. Il déclara qu'il valait mieux

---
[1] *Dépêches officielles*, t. II, page 256.

lever des français que des kabyles, et déclara que le tocsin sonné et les fusils de chasse réquisitionnés lui semblaient peu propres à effrayer les allemands [1].

Cependant le gouvernement de Tours, passant outre aux résistances de l'amiral Fourrichon, décrétait, dès le 29 septembre, la subordination de l'autorité militaire à l'autorité civile. M. Challemel-Lacour, préfet de Lyon, avait vivement sollicité cette mesure. « Ce que l'on veut, écrivait-il à M. Laurier, c'est la subordination de l'autorité militaire, c'est la *république même* [2]. » Il ajoutait : « La concentration des pouvoirs civils et militaires dans une seule main est de toute nécessité. Lyon n'est pas seul à le demander, *à l'exiger même*, mais Grenoble, Toulon, Marseille et bien d'autres villes [3]. »

A son arrivée à Tours, le 8 octobre,

---

[1] *Dépêches officielles*, tome II, page 258.
[2] *Ibid.*, tome II, page 17.
[3] *Ibid.*, tome II, page 17.

M. Gambetta sanctionna ces principes ; mais cette concentration des pouvoirs civils et militaires, il la voulut dans ses mains. Il livra la direction des opérations militaires à un ingénieur des mines, M. de Freycinet, homme fort distingué dans sa partie, très-actif, très-laborieux, lequel s'attacha un autre ingénieur, un polonais, du nom de Vieczffenski qui se faisait appeler M. de Serres. Il serait injuste de refuser à ces deux hommes les connaissances de leur métier ; mais la prétention qu'ils firent prévaloir de diriger des armées était insensée ; et le résultat le fit bien voir. A chacun son métier, *ne sutor ultra crepidam.*

La guerre, comme toutes les entreprises humaines doit se juger par ses résultats. Il ne suffit pas que l'idée en soit juste, il faut encore qu'elle soit pratique, et qu'il y ait concordance entre le but et les moyens. Des obstacles absolument imprévus, au-dessus des ressources de la prudence et de la raison humaine, peuvent seuls excuser une guerre malheureuse.

Des tels motifs, la guerre à outrance organisée par M. Gambetta ne pouvait pas les invoquer. Sans doute, repousser l'ennemi, relever l'honneur militaire de la France, délivrer le sol par les armes, c'était un légitime et noble but; mais avant de se jeter dans sa poursuite aveuglément, avec furie, à corps perdu, il fallait examiner froidement, avec maturité, les moyens qu'on avait de l'atteindre. Faire périr inutilement cent mille hommes n'est ni une pensée patriotique, ni une pensée grande; et ce n'est pas relever le prestige militaire, momentanément abattu, que d'ajouter aux autres désastres des désastres plus grands encore. Quelques succès honorables mais partiels, locaux, sans conséquences générales, Pont-Noyelles dans le nord, Villersexel dans l'est, Coulmiers et Josne sur la Loire, ne sont pas pour amoindrir des défaites telles que celles de Saint-Quentin, de Pontarlier et du Mans.

Il faut donc, pour apprécier avec équité

les grands efforts militaires de M. Gambetta, non pas se perdre dans les détails de l'organisation ou de l'exécution, mais comparer trois choses, qui résument le problème tout entier : les armées levées, les dépenses faites, les résultats obtenus.

Sans parler des concentrations isolées et secondaires, le gouvernement de Tours, sous la direction de M. Gambetta, présenta en face de l'ennemi trois grandes armées.

Après la victoire de Coulmiers, la première armée de la Loire, placée sous le commandement du général d'Aurelle de Paladines, comptait d'après les états fournis par M. de Freycinet, 250,000 hommes et 450 pièces de canon ; elle avait devant elle l'armée allemande, ayant 120,000 combattants et 484 bouches à feu [1].

Après la victoire de Bapaume, l'armée du nord, aux ordres du général Faidherbe,

---

[1] Wachter, *la Guerre de* 1870-1871, page 653.

avait, le matin de la bataille de Saint-Quentin, 40,000 hommes et 90 pièces de canon; l'armée allemande, bien supérieure, comptait un effectif de 150 bouches à feu [1].

Après la victoire de Villersexel, l'armée de l'Est, aux ordres du général Bourbaki, avait 140,000 combattants et 400 pièces de canon. Les allemands n'était que 45,000 combattants, soutenus par 126 bouches à feu de campagne, de 37 pièces de siége [2].

La deuxième armée de la Loire, aux ordres du général Chanzy, comptait encore après le désastre du Mans, et réunis derrière la Mayenne, 227,301 hommes, 26,797 chevaux et 430 bouches à feu, d'après les chiffres fournis par le général Chanzy lui-même [3].

Ainsi, en ne comptant pas deux fois les armées de la Loire, en négligeant les amas de mobilisés entassés à Conlie et à Toulouse,

[1] Wachter, *la Guerre de* 1870-1871, page 763.
[2] *Ibid.*, page 774.
[3] *Ibid.*, page 744.

et les francs-tireurs disséminés en vingt autres endroits divers, on trouve, dans les trois armées de la Loire, du Nord et de l'Est, un total de 430,000 hommes, avec 940 pièces de canon.

Voilà l'effort, en hommés levés; examinons la dépense faite pour toutes ces levées, tant en armes qu'en équipements, solde et entretien.

M. de Roussy, délégué du ministre des finances auprès du gouvernement de Tours, faisait, le 16 novembre, le tableau suivant de ses dépenses et de ses ressources.

| DÉPENSES : | | RESSOURCES : | |
|---|---|---|---|
| Guerre.......... | 200 millions | Sommes versées par la Banque, en exécution de deux traités. | 124 millions |
| Marine.......... | 50 » | | |
| Autres ministères.......... | 89 » | Idem, par la Banque d'Algérie........ | 8 » |
| Arm. de l'Ouest de Kératry.. | 8 » | | |
| Fabrication de cartouches.. | 5 » | Réserves en caisse....... | 9 » |
| Commiss. d'armement...... | 50 » | Revenus de l'impôt direct | 30 » |
| Report.. | 402 millions | Report.. | 171 million |

| | | | |
|---|---|---|---|
| *A reporter.* | 402 millions | *A reporter.* | 171 millions |
| Approvisionnement de subsistances.... | 20 » | Revenus de l'impôt indirect......... | 70 » |
| Secours aux familles de militaires...... | 5 » | Versements sur l'Emprunt de 750 millions contracté à Londres..... | 25 » |
| Avances de l'État aux communes, pour gardes nationales mobilisées......... | 60 » | Émission de bons du Trésor......... | 10 » |
| | | Recettes diverses......... | 10 » |
| Total.... | 487 millions | Deux termes du nouvel Emprunt....... | 84 » |
| | | Remboursement éventuel par les départements et les communes, des dépenses des mobilisés......... | 30 » |
| | | Total... | 400 millions |

Résumé :

Dépenses ....... 487 millions.
Ressources..... 400 »
Insuffisance..... 87 millions[1].

Cette somme avait été employée du 15 septembre au 15 novembre, en deux mois.

[1] *Dépêches officielles*, p. 308, 309.

Cette situation des finances, mise en regard des dépenses toujours croissantes de la guerre, jetait le gouvernement de Tours dans des perplexités naturelles et profondes. M. Crémieux était *triste* ; et, à peine arrivé à Bordeaux, le 13 décembre, il expliquait, en ces termes, sa *tristesse* au gouvernement de Paris :

« Mes bons amis, je suis triste, parce que je ne sais plus si nos efforts surhumains seront pour vous une aide secourable, et vous permettront de pousser jusqu'au bout votre lutte héroïque... notre situation financière devient de plus en plus difficile. Le sous-gouverneur de la Banque se refuse à nous faire une avance de cent millions, sans le consentement de son gouvernement constitutionnel de Paris ; mais il nous les faut [1]. »

Six jours plus tard, le 19 décembre, la tristesse de M. Crémieux avait augmenté ;

---

[1] *Dépêches officielles*, t. II, p. 343.

et il en expliquait ainsi les causes à M. Picard :

« Nous avons couvert jusqu'à ce jour, et nous couvrons jusqu'aux premiers jours de janvier, avec 100 millions que nous réclamons encore de la Banque, nos énormes dépenses, qui atteindront au 1ᵉʳ janvier HUIT CENTS MILLIONS, c'est-à-dire HUIT MILLIONS PAR JOUR, depuis le 20 septembre. Au 1ᵉʳ janvier, nos ressources seront à peu près épuisées, et les dépenses de la guerre s'élèvent encore. A quoi faut-il recourir ? à un emprunt à l'étranger, ou à un nouvel emprunt chez nous [1] ? »

Le 25 décembre, les 100 millions de la Banque de France furent arrachés de force, et par décret du gouvernement de Bordeaux, mais sait-on combien ils durèrent ? le voici ; M. Laurier l'écrit à M. Gambetta, qui était alors à Lyon : « A force, à force, nous avons obtenu les 100 millions de la Banque ; mais

---

[1] *Dépêches officielles*, t. II, p. 366.

sous la condition expresse que c'est le dernier argent qu'elle nous donne... ces 100 millions sont actuellement *la dernière ressource ;* elle est fort *entamée par avance,* et ne nous donne A VIVRE QUE POUR UNE HUITAINE DE JOURS [1]. »

En présence d'une telle situation, le mot de M. Crémieux disait tout : « A quoi faut-il recourir ? » De son côté, la direction de la guerre, qui se préparait à lever *quinze cent mille hommes,* annonçait une dépense de 160 millions par mois [2] : M. Gambetta, sans hésiter, trouva la solution ; il résolut de *saisir la Banque* et d'émettre pour *douze cents millions de papier d'Etat,* c'est-à-dire *d'assignats.*

Le 23 décembre, il écrit de Lyon à M. Crémieux et à M. de Freycinet : « Je suis résolu à tout, nous saisirons la Banque, s'il le faut, et nous émettrons du papier d'Etat. Je ne puis pas admettre qu'on nous

[1] *Dépêches officielles,* t. II, p. 404.
[2] *Ibid.,* t. II, p. 370.

refuse de sauver le pays et la République¹. »

Le 25 décembre, il ajoute : « Prenons les 100 millions de la Banque ; mais tout cela est *insuffisant*. D'ici à huit jours, il faut prendre une mesure décisive, qui nous donne DOUZE FOIS PLUS. La France ne peut pas dépendre de l'esprit de routine.². »

M. Gambetta avait mis ses collaborateurs sur le pied d'une obéissance pleine de zèle. M. Laurier lui répond le lendemain, 26 décembre : « Tu m'écris qu'il en faut *dix fois plus*, tu en *auras dix fois plus*, mais le grand point était d'assurer l'état transitoire, en attendant *le milliard*. Le double projet du milliard est prêt, on approuve ici mes efforts. Si Paris ne répond pas, nous passerons outre³. »

Le projet de M. Laurier, qu'approuvaient ses collaborateurs, et sur lequel, en cas de

---

¹ *Dépêches officielles*, t. II, p. 407.
² *Ibid.*, t. II, p. 407.
³ *Ibid.*, t. II, p. 407.

refus de Paris, on devait passer outre, consistait à créer, à côté de la Banque de France, une Banque d'Etat, et à émettre, en son nom, pour DEUX MILLIARDS ET DEMI de papier. Nous donnerons un peu plus loin les détails de ce projet, qui est textuellement consigné dans une dépêche officielle du 27 décembre [1] : mais en attendant, revenons à la guerre à outrance. Nous savons qu'elle a déjà levé 430,000 hommes, et qu'elle aura coûté, au 1ᵉʳ janvier, HUIT CENTS MILLIONS. Montrons ce qu'avaient été ses résultats.

Ces trois grandes armées de la Loire, du Nord et de l'Est, avaient eu chacune leurs succès.

Sous le commandement du général d'Aurelles de Paladine, du 7 novembre au 6 décembre, l'armée de la Loire avait gagné la bataille de Coulmiers, le 9 novembre, et réoccupé Orléans le 10. Mais la bataille de Beaune-la-Rollande avait été perdue par elle

[1] *Dépêches officielles*, t. II, p. 411.

le 28 novembre, la bataille de Loigny, le 2 décembre, et finalement Orléans avait été évacué le 4. Donc, elle n'avait obtenu aucun résultat de ses courageux efforts.

Sous le commandement du général Chanzy, du 6 décembre au 12 janvier, l'armée de la Loire, réorganisée à l'abri de la forêt de Marchenoir, avait honorablement combattu les Allemands, le 7, le 8, le 9 et le 10 décembre, à Josnes et à Beaugency; mais elle avait été forcée d'opérer, le 12, sa retraite sur Vendôme, le 19, sa retraite sur le Mans: et là, le 12 janvier, elle perdit une bataille décisive, suivie d'une déroute effroyable, et rejetée sur Laval, où elle se trouvait totalement perdue, en tant que secours pour la délivrance de Paris, qui était le but en vue duquel elle avait été organisée.

La plus forte, la plus solide, la mieux organisée de toutes, celle, des trois, sur laquelle reposaient les espérances de la délivrance, l'armée de la Loire ne put donc atteindre aucun résultat final, autre que la dispersion et la défaite.

L'armée du Nord, sérieusement constituée sous les ordres du général Faidherbe, battait les Allemands, le 3 décembre, à Pont-Noyelles, et, le 3 janvier, à Bapaume ; mais elle perdit, le 19 janvier, la bataille de Saint-Quentin, qui la désorganisa complétement.

L'armée de l'Est, organisée et équipée au commencement de janvier, sous le commandement du général Bourbaki, vainquit les Allemands à Villersexel, le 9 janvier ; mais, dans sa marche sur Belfort, elle fut arrêtée entre Montbéliard et Héricourt, le 15, le 16 et le 17 ; fut forcée de battre en retraite sur Besançon, le 18 ; et, le 26 janvier, coupée de partout, elle fut jetée sur Pontarlier et la frontière suisse, où son intrépide et glorieux général, que la mort avait épargné tant de fois, essaya de s'ôter lui-même la vie.

En résumé, des trois grandes armées mises sur pied par le gouvernement de Tours, au cune ne put résister à l'ennemi et atteindre le but en vue duquel elle avait été créée.

Est-ce la faute de ces armées si elles furent vaincues ? non certes ; levées par des avocats, dirigées par des ingénieurs, elles n'avaient, quand elles furent jetées sur des soldats aguerris, ni vêtement, ni pain, ni armes ; elles n'avaient ni instruction militaire, ni cohésion, ni confiance en leurs cadres qu'elles ne connaissaient pas. Dans l'armée du Nord, les chaussures du matin étaient usées à midi, et les chaussures de midi étaient usées le soir [1]. M. Gambetta avait à la fois l'audace d'avouer qu'il dirigeait les corps d'armée, et le cynisme de reprocher leurs défaites aux généraux.

Le 2 décembre, il écrivait au général d'Aurelles de Paladine : « J'avais dirigé jusqu'à hier les $18^{me}$ et $20^{me}$ corps, et, par moments, le $17^{me}$. Je vous laisse ce soin désormais [2]. »

---

[1] *Déposition de M. Testelin, Observation de M. Daru*, p. 555.

[2] Wachter, *La guerre de 1870-1871*, p. 655.

Le 20 décembre, il écrivait à M. Jules Favre et au général Trochu : « Jusqu'ici, nos efforts militaires n'ont pas été couronnés des succès que j'ose dire qu'ils méritaient... Est-ce notre faute, à nous, si les généraux n'ont compris ni leur devoir, ni leur intérêt [1] ? »

Ces armées, levées avec précipitation, et qui n'avaient été, avant d'être envoyées au feu, ni exercées, ni équipées, ni armées, ne manquaient pas de patriotisme ou de courage. Il y eut, dans les défaites comme dans les victoires, des actes d'intrépidité et d'héroïsme ; mais avec ce qu'ont acquis de précision et de science les guerres modernes, la bravoure personnelle ne saurait remplacer les manœuvres régulières. Les doctrines insensées prêchées par les démagogues ignorants, au sujet des opérations militaires, avaient prévalu ; les généraux de l'Empire étaient outragés et arrêtés ; les fables accrédités sur les prétendues victoires remportées

[1] *Dépêches officielles*, t. II, p. 375.

par les volontaires de 1792, étaient acceptées dans les conseils de M. Gambetta et des autres avocats qui l'entouraient ; et l'on avait réalisé le vœu exprimé par M. Jules Simon à la tribune du Corps législatif, lorsqu'il disait : « Nous voulons des armées qui n'en soient pas ! » Eh bien, ils les avaient désirées ; ils les eurent !

Lorsque, le 31 octobre, la nouvelle de la capitulation de l'héroïque et malheureuse armée de Metz parvint à Tours, il n'y a pas de basses et d'ignobles injures que M. Gambetta ne vomît contre elle. La Providence réservait aux armées qu'il levait et qu'il dirigeait, de bien plus douloureuses destinées. Au moins, les armées de Metz se battaient et couchaient, le soir, sur le champ de bataille, infligeant à l'ennemi des pertes énormes.

Veut-on, en effet, comparer les pertes infligées à l'ennemi par l'armée de Metz, et par les trois armées de M. Gambetta ? A Coulmiers, la perte des Allemands fut de 1,112 sous-officiers et soldats, de 54 officiers et de 2,500 prisonniers, tant tués que blessés; à Villersexel, elles s'élevèrent à 627 sous-officiers et soldats, et à 27 officiers; à Bapaume, les Allemands perdirent 830 sous-officiers et soldats, tués ou blessés, 46 officiers et 236 disparus.

La deuxième armée de la Loire fit subir aux Prussiens des pertes plus sérieuses. Du 2 au 10 décembre, les quatre sanglantes batailles du 7, du 8, du 9 et du 10, depuis l'attaque contre la forêt de Marchenoir jusqu'à la retraite du général Chanzy sur Vendôme, l'armée du duc de Mecklembourg, qui n'avait plus que 37,000 fantassins après la journée de Loigny, se trouva réduite de près de 10,000 hommes.

Qu'étaient pourtant ces pertes infligées à l'ennemi par quatre armées, auprès du vide que fit dans les rangs ennemis la seule armée de Metz?

A Borny, les Prussiens perdirent 7,216 hommes, officiers, sous-officiers ou soldats.

A Rezonville, ils perdirent 16,000 sous-officiers et soldats, et 702 officiers.

A Saint-Privat, ils perdirent 19,058 sous-officiers et soldats et 904 officiers.

En tout, QUARANTE-TROIS MILLE HUIT CENTS QUATRE-VINGTS HOMMES tués ou blessés, en trois jours, par une armée déjà éprouvée à Forbach et à Reishoffen, et qui, à Saint-Privat, n'avait que 120,000 hommes, juste le chiffre de l'armée du général Chanzy au Mans.

Et c'est cette glorieuse armée, que les avocats trônant à Tours osèrent couvrir de boue!

Le tableau des œuvres militaires de M. Gambetta serait incomplet, si nous n'y ajoutions quelques détails relatifs à l'arrivée de Garibaldi et des aventuriers qui le suivirent.

C'est M. Sénard, envoyé des hommes du 4 Septembre à Florence, qui négocia les premières avances faites par Garibaldi à la République, par un télégramme en date du 14 septembre, et auquel le gouvernement n'osa pas répondre [1]. Les instances de Garibaldi se renouvelèrent jusqu'au 23 septembre, sans qu'il lui fut fait de réponse [2]. Paris était investi, et la délégation de Tours hésitait, redoutant l'explosion révolutionnaire que la présence de Garibaldi et des chemises rouges pouvait amener dans le Midi [3].

Forcée de prendre un parti, la délégation de Tours résolut d'attirer Garibaldi vers le centre de la France, puisqu'elle n'osait pas le repousser. En conséquence, elle donna ordre à Esquiros de lui faire, à Marseille, une réception enthousiaste, et ensuite de l'expédier immédiatement à Tours. Ce plan, qui avait pour objet d'annuler le vieil aventurier, réussit. Garibaldi arriva, le 7 octobre, à Marseille, où il fut reçu aux flambeaux, à l'aide

---

[1] *Dépêches officielles*, t. 1, p. 35.
[2] *Ibid.* p. 37.
[3] *Déposition de M. Marc-Dufraisse*, p. 430.

de toute la canaille hurlante dont cette ville était remplie [1] ; et, le 8, sur l'invitation de la délégation, il se dirigea sur Tours, où il arriva le 9, à sept heures du matin, le lendemain de l'arrivée de M. Gambetta [2].

M. Marc-Dufraisse, qui était à Tours, dit que la réception faite à Garibaldi ne répondit pas au programme réglé par avance. Outre que la population de la Touraine, conservatrice et catholique, voyait d'un mauvais œil l'ancien ennemi de la France et de l'Eglise, il pleuvait beaucoup. « La réception, dit-il, fut triste, humide et froide, ce qui fit dire que le gouvernement n'avait pas accueilli Garibaldi comme on doit recevoir un libérateur [3]. » M. Marc-Dufraisse ajoute que la délégation avait néanmoins atteint son but, qui était d'éloigner les chemises rouges des départements

---

[1] *Dépêches officielles*, t. I, p. 107.
[2] *Ibid.*, t. II, p. 269.
[3] *Ibid.*, p. 430.

où, en ce moment, elles auraient pu être un danger.

Après un très-court séjour à Tours, Garibaldi fut dirigé sur Dôle, où il fut chargé, avec M. Crémer, capitaine d'état-major fait général, de couvrir la Haute-Saône et Lyon.

Garibaldi avait le commandement des corps francs des Vosges, et d'une brigade de gardes mobiles. Dès qu'il eût autour de lui 4,000 hommes, il en composa quatre brigades, afin de donner des grades et des traitements aux affamés de tous les pays qui l'environnaient [1]. Vers la fin de novembre, les forces groupées par Garibaldi s'élevèrent à peu près à 12,000 hommes.

Ce serait aller au delà de la vérité, de dire que Garibaldi et ses aventuriers ne servirent à rien. Ils exécutèrent quelques surprises, quelques coups de main, avec intrépidité, et montrèrent, quelques-uns d'entre eux du

[1] *Dépêches officielles*, p. 674.

moins, une bravoure opiniâtre en quelques occasions [1], mais sans que ces efforts aient influé sur les résultats généraux de la lutte ; et d'ailleurs, le désordre de leur vie, le scandale de leurs mœurs, le cynisme de leurs déprédations, révoltèrent contre eux l'opinion publique.

Les Républicains les plus avérés les avaient en horreur. Le préfet de Lyon, M. Challemel-Lacour, multipliait ses plaintes contre eux. Le 13 novembre, il écrivait à M. Gambetta : « Il y a ici depuis longtemps neuf cents garibaldiens qu'on paye, et qui ne font rien [2]. » Le 16, il ajoutait : « Les Italiens viennent d'assassiner deux hommes dans la même nuit ; je demande qu'on m'en débarrasse [3]. » Le même jour, nouvelle plainte : « Il faut, *à tout prix*, que Lyon soit *débarrassé de cette engeance.* » Enfin, le 3 novembre, M. Challemel-Lacour

---

[1] Vachter, *la Guerre de* 1870-71, p. 672.
[2] *Dépêches officielles*, t. II, p. 31.
[3] *Ibid*, t. II, p. 31.

regrette que la République paye, dans les garibaldiens, *des hommes qui ne sont soldats que de nom*, et émet l'avis que les déprédations des chefs et la conduite de Bordone doivent être soumises à un conseil de guerre [1].

### V

Quelles que fussent les illusions qu'il avait pu nourrir sur les résultats de ses efforts plus fiévreux que réellement et efficacement énergiques, M. Gambetta ne conserva pas longtemps entière son orgueilleuse confiance. A côté de lui, à Tours comme à Bordeaux, se tenait, en apparence immobile, M. Thiers, dans lequel le plus vulgaire bon sens lui montrait

---

[1] *Dépêches officielles*, t. II, p. 36.

un rival, et certainement un successeur dans l'avenir, à moins qu'il ne parvînt à délivrer le territoire et à donner pour base à la République la reconnaissance nationale.

Au premier échec sérieux de l'armée de la Loire, c'est-à-dire de celle qui était destinée à débloquer Paris, car les autres n'étaient employées qu'à opérer des diversions, il était bien évident que l'idée d'armistice reprendrait le dessus. Or, l'armistice ramènerait M. Thiers, M. Thiers amènerait la paix, et la paix amènerait les élections générales, dans lesquelles les républicains se savaient battus d'avance. Or, le premier acte d'une assemblée serait nécessairement de déposséder le gouvernement du 4 Septembre, et d'annuler la dictature de M. Gambetta. Avec lui tomberait la domination des affamés auxquels il avait livré la France.

Donc, M. Thiers était la préoccupation de M. Gambetta. Le 6 novembre, il écrivait de Tours à M. Jules Favre : « Les coteries légitimistes et orléanistes se réjouissent du départ de M. Thiers, qui doit amener l'armistice, et plus tard des élections. Des nouvelles venues de Paris annoncent que l'on va procéder à des élections sous la direction de M. Barthélemy Saint-Hilaire [1]. » Le 26 novembre, il se rassure un peu : « Je ne crois pas, dit-il, qu'il ait jamais existé de mouvement plus superficiel que celui à la tête duquel se trouvaient M. Thiers et la coterie de son opinion. » Cependant, il avoue que M. Thiers a gagné du terrain : « Glais-Bizoin et Kératry faiblissent visiblement. A force de *professer*, M. Thiers les a amenés à ce qu'il appelle « l'armistice avec « ravitaillement mitigé [2]. »

Le 1er décembre, la confiance de M. Gambetta dans l'avenir de la République éclata, en traits de feu, sur toute la France. Dans une dépêche circulaire aux préfets, sous-préfets et généraux, il annonça emphatique-

---

[1] *Dépêches officielles*, t. II, p. 297.
[2] *Ibid.*, t. II, p. 319, 320.

ment une *grande victoire* remportée par *l'armée de Paris*, qui avait, disait-il, *rompu la ligne d'investissement*, et qui occupait la Marne. Voici ce monument d'inepte vantardise, dans lequel M. Gambetta, confondant Épinay, dans l'arrondissement de Saint-Denis, au-dessous d'Enghien, avec Epinay, dans l'arrondissement de Corbeil, annonça à toute la France que le corps d'armée commandé par l'amiral La Roncière s'était avancé jusqu'au delà de Lonjumeau, c'est-à-dire à près de vingt lieues sur la route d'Orléans.

« La délégation du Gouvernement a reçu, disait-il, aujourd'hui 1er décembre, la nouvelle d'une victoire remportée, sous les murs de Paris, pendant les journées des 28, 29 et 30 novembre. Cette nouvelle a été apportée à Tours par le ballon le *Jules-Favre*. A quatre heures, M. Gambetta s'adressant à la foule réunie dans la cour de la préfecture a confirmé en ces termes la grande et heureuse nouvelle :

« Chers concitoyens, après soixante-douze jours d'un siége sans exemple dans l'histoire, tout entiers consacrés à préparer, à organiser les forces de la délivrance, Paris vient de jeter hors de ses murs, pour rompre le cercle de fer qui l'étreint, une nombreuse et vaillante armée. C'est le 29 novembre au matin que Paris s'est ébranlé.

« L'armée de sortie est commandée par le général Ducrot, qui, avant de partir, a fait, à la manière antique, le serment solennel devant la ville assiégée et la France anxieuse, de ne rentrer que mort ou victorieux. Voici, dans leur laconisme les nouvelles apportées par le ballon :

« Le 29 au matin, la sortie dirigée contre les lignes d'investissement a commencé par Choisy, l'Hay et Chevilly. Dans la nuit du 29 au 30, la bataille a persisté sur ces divers points. Le général Ducrot, sur la gauche, passe la Marne, le 30 au matin. Il occupe successivement Mesly et Mont-Mesly. Il prononce son mouvement sur sa gauche, passe la Marne, et, adossé à la Marne, se met en bataille de Champigny à Bry. L'armée passe alors la Marne sur huit points, elle couche sur ses positions, après avoir pris à l'ennemi deux pièces de canons.

« L'affaire a été rapportée à Paris par le général Trochu. Ce rapport, où l'on fait l'éloge de tous, ne passe sous silence que la grande part du général Trochu à l'action. *Ainsi faisait Turenne !*

« Cette même journée du 30, dans l'après-midi, a donné lieu à une pointe vigoureuse de l'amiral La Roncière, *toujours dans la direction* de l'Hay et de Chevilly. *Il s'est avancé sur Lonjumeau, et a enlevé les positions d'Epinay*, au-delà de Lonjumeau, positions retranchées des Prussiens, *qui nous ont laissé de nouveaux prisonniers, et encore deux canons.*

« Tous ces renseignements sont officiels,

car ils sont adressés par le chef de l'état-major général, le général Schmitz. LÉON GAMBETTA. »

Tout cela, au fond, constituait un mensonge. Il y avait eu un effort énergique, glorieux sur beaucoup de points et par beaucoup de détails, mais infructueux par les résultats. La *ligne d'investissement n'avait pas été franchie ; le cercle de fer n'avait pas été rompu ; l'armée de Paris* n'avait pas *remporté une grande victoire.*

Le général Ducrot, à la tête d'un grand corps d'armée, devait marcher au sud, en essayant de percer les lignes, vers l'est, entre les villages de Bry et de Champigny. Pour seconder ce mouvement, trois diversions simultanées furent résolues ; la première sur l'Hay et Choisy-le-Roi, sous la direction du général Vinoy ; la seconde sur Épinay-lez-Saint-Denis, sous les ordres de l'amiral La Roncière ; la troisième sur la Malmaison et

Buzenval, sous les ordres des généraux de Liniers et de Beaufort [1].

Ces trois diversions s'opérèrent dans la matinée du 29 novembre ; mais une crue de la Marne empêcha le mouvement du général Ducrot de s'effectuer, et les généraux, commandant les forces de diversion, durent battre en retraite.

Le 30 au matin, une forte partie de l'armée du général Ducrot sortit, et livra ce qu'on nomma la bataille de Villiers; effort considérable et honorable, mais non décisif. Le 1$^{er}$ décembre, l'armée se reposa ; le 2, le général Ducrot livra la bataille de Champigny, glorieuse pour lui et pour ses soldats, mais sans résultat effectif; le 3, il repassa la Marne, et cantonna son armée aux abords du bois de Vincennes, où elle resta jusqu'au 31 décembre. — Finalement, le but qu'on s'était proposé n'avait pas été atteint ; et les Parisiens, qui

---

[1] Wachter, *la Guerre de* 1870-1871, p. 599.

avaient tant reproché à l'armée de Sédan et à l'armée de Metz de n'avoir pas fait une *trouée,* n'avaient pas réussi à faire la leur. Ils capituleront comme les autres, après s'être beaucoup moins battus.

La grande victoire annoncée par M. Gambetta, avec son emphase ordinaire, était donc une fable, surtout *les nombreux prisonniers et les deux canons* pris sur les Prussiens *au-delà de Lonjumeau,* où personne n'était allé.

Cependant l'annonce de ce triomphe imaginaire exalta naturellement les esprits en province. En beaucoup de villes, elle fut accueillie avec une joie extraordinaire et bien légitime. Comme il peut arriver aux choses les plus sérieuses, l'annonce de la fausse victoire des Parisiens amena des faits ridicules. Un préfet de la Mayenne, nommé Delattre, avait lu la dépêche de M. Gambetta aux élèves du Lycée et à la garde nationale de Laval, sur la place publique. Il était monté à cheval pour faire cette lecture. Quelques heures plus tard, en relisant sa dépêche, il crut devoir la compléter ainsi : « Nous avons oublié un mot : le préfet, à cheval, était TÊTE NUE, et tout le monde découvert [1]. »

Malheureusement pour M. Gambetta, sa joie ne fut ni sans mélange, ni de longue durée. Le 28 novembre avait lieu la défaite de l'armée de la Loire à Beaune-la-Rolande; le 2 décembre, elle était défaite à Loigny; et, le 4, Orléans, évacué par elle, était réoccupé par les Prussiens. En outre, les nouvelles de Paris ne se confirmaient pas. Le 4 décembre, il écrivait à M. Jules Favre : « Le pays est dans la plus cruelle anxiété, car nous n'avons aucune nouvelle des mouvements militaires qui ont dû avoir lieu ultérieurement à Paris. Depuis le 30 au soir, nous tremblons tous que vos héroïques efforts aient échoué [2]. »

Fuyant devant le mouvement agressif des Prussiens, M. Gambetta décidait, le 8 dé-

---

[1] *Dépêches officielles*, t. I, p. 468.
[2] *Ibid.*, t. II, p. 331.

cembre, la translation du gouvernement de Tours à Bordeaux; il l'annonçait à tous les préfets le 9, et il l'effectuait le 10.

L'annonce de cette translation, le silence gardé sur la sortie de l'armée de Paris révélèrent la vérité, que l'on cachait. M. Steenackers signala la terreur de l'opinion publique à M. Gambetta, qui se trouvait alors au quartier-général du général Chanzy, à Josnes : « L'effet produit par le départ du gouvernement a été ce qu'il devait être. La masse de la population voit déjà les Prussiens dans la rue Royale. Les négociants de Bordeaux craignent d'être mis à contribution à leur tour. Les alarmistes et les ennemis du gouvernement s'écrient que tout est perdu [1]. »

Comme il était naturel de s'y attendre, ce que les amis de M. Gambetta nommaient *la réaction* commençait à se dessiner. M. Laurier le mandait à son chef : « Je viens de causer

---

[1] *Dépêches officielles*, t. II, p. 335.

avec Allain-Targé, la réaction montre ici un peu plus la tête qu'il ne convient. Les journaux se donnent la main pour vous attaquer très-rudement... M. Thiers est désigné comme chef de tout ce petit monde [1]. » Le 18 décembre, M. Crémieux ajoutait, en écrivant aux membres du gouvernement : « Vous ne pouvez vous douter du terrain que gagne chaque jour le bonapartisme. Il est en possession de tout le haut du pavé. Le triomphe de Paris l'avait humilié, mais il lève la tête avec une déplorable audace [2]. »

M. Thiers et les bonapartistes, voilà désormais les deux partis qui se dressent devant M. Gambetta. M. Thiers représente des négociations prochaines et inévitables, un armistice, des élections et une assemblée qui dépossédera les hommes du 4 Septembre ; les bonapartistes représentent la sécurité et l'or-

*Dépêches officielles*, t. II, p. 349.
*Ibid.*, t. II, p. 358.

dre que le pays n'a plus, et après lesquels il aspire.

C'est pour cela que, le 12 décembre, M. Gambetta destitua le sous-préfet de Saint-Malo par le *télégraphe,* parce qu'il avait communiqué avec M. Thiers [1] ; et que, le 20, il annonça à M. Jules Favre sa résolution de remplacer, par des républicains, tous les fonctionnaires des finances et de l'instruction publique, et de dissoudre les conseils généraux : « Il faudrait *tailler dans le vif* et révoquer dans les finances, dans l'instruction publique, dans les assemblées locales, toutes les créatures de la monarchie déchue [2]. » Les conseils généraux furent, en effet, dissous le 24 décembre.

On se demande comment des percepteurs, des recteurs ou des conseillers généraux républicains auraient pu aider M. Gambetta

---

[1] *Dépêches officielles,* t. II, p. 340.
[2] *Ibid.,* t. II, p. 374.

à vaincre les Prussiens ; mais la fin de décembre amenait la chute de ses chères espérances, et il va entrer dans la crise mentale que M. Thiers appela très-justement *folie furieuse*.

Le désastre du général Chanzy au Mans ne put lui laisser aucune illusion sérieuse, car le dernier espoir de délivrer Paris venait de s'évanouir. Aussi ne lui voit-on désormais dans l'esprit que des projets chimériques. Tantôt, lui qui est battu partout, il veut mettre sur pied 1,500,000 hommes [1] ; tantôt, lui qui épouvante le commerce, il accueille le projet d'emettre pour deux milliards et demi de papier d'État [2]. Les événements l'entraînent, et il le sent. Il résiste autant qu'il le peut et il montre le poing à Paris, en lui disant, le 16 janvier qu'il DIRA TOUT, si, le 25, une sortie n'est pas effectuée [3]. La fatalité

[1] *Dépêches officielles*, t. II, p. 371.
[2] *Ibid.*, t. II, p. 411.
[3] *Ibid.*, t. II, p. 453.

attachée à la situation qu'il a acceptée, lui a mis la main sur l'épaule, et le tient prisonnier. S'il eût délivré Paris, il eût été le maître ; battu, il ne peut rien ; et quand la paix se présente, il ne peut ni la repousser, ni la discuter. Elle se fait sans lui, malgré lui et contre lui.

D'ailleurs, la résistance au courant des événements qui l'entraînent est désespérée. Il n'a pas honte d'accuser les bonapartistes, réfugiés hors de France, d'avoir préparé et fait accomplir, par de l'argent, l'assassinat d'un républicain obscur et inconnu, nommé le commandant Arnaud, fusillé, comme Chaudey le fut plus tard, par de plus démagogues que lui [1]. Ce mensonge ne lui suffit pas. Il *laisse croire*, c'est lui qui l'avoue, que la République sera reconnue par la conférence de Londres, à laquelle il convie M. Jules Favre de se rendre.

---

[1] *Dépêches officielles*, t. II, p. 424, 5.

Mais rien n'y fait. La sortie du 19 janvier, cette fameuse *sortie torrentielle*, réclamée à grands cris par les bavards de Paris, mit au grand jour la valeur militaire de la garde nationale. 84,000 hommes, parmi lesquels figuraient 19 régiments de gardes nationaux, c'est-à-dire 28,000 Parisiens, attaquèrent les hauteurs occupées par les Prussiens, entre Bougival et Saint-Cloud, sous le commandement du général Ducrot à droite, du général Vinoy à gauche, et du général de Bellemare au centre. Le résultat répondit aux prévisions ; avant la nuit, le général Trochu donna l'ordre de la retraite [1]. Le soir, on négocia une suspension d'armes pour enterrer les morts. On releva en tout *douze cents* cadavres, parmi lesquels étaient *trois cents* gardes nationaux. L'effet de démoralisation avait été immense.

---

[1] *Dépêches officielles*, Wachter, *la Guerre de* 1870-1871, p. 708, 9.

Le général Trochu, qui avait fièrement déclaré qu'*il ne capitulerait pas*, fut honteusement destitué par les maires de Paris ; et M. Jules Favre, qui avait plus fièrement encore déclaré qu'il ne cèderait *ni un pouce du territoire, ni une pierre de nos forteresses*, se rendit, le 27 janvier, à Versailles, pour se mettre à la disposition de M. de Bismarck, et signer l'armistice du 28 janvier. M. Trochu et M. Jules Favre, ces deux ambitieux sans patriotisme et sans courage, ne moururent pas de honte, en voyant enfin ouvert l'abîme dans lequel leur incapacité avait jeté le pays.

L'article 2 de cet armistice de 21 jours statuait qu'une Assemblée, librement élue, serait réunie à Bordeaux, et qu'elle serait chargée de résoudre la question de la paix à faire, ou de la guerre à continuer. Les élections devaient avoir lieu le 8 février, et l'Assemblée devait se réunir le 15. L'article 1ᵉʳ exceptait de l'armistice les départemens de la Côte-d'Or, du Doubs et du Jura ;

et l'avocat Jules Favre, en donnant sa signature, oublia de prévenir l'armée de l'Est, placée, depuis le 26, sous les ordres du général Clinchant, et qui, comptant sur la suspension d'armes, perdit vingt-quatre heures. Surprise et près d'être enveloppée par l'armée allemande, elle dut se jeter en Suisse, par les routes des Rousses, des Fourgs et des Verrières. Deux corps restés en arrière, sous les ordres du général Billot et du capitaine de frégate Pallu de Labarrière, se dévouèrent pour couvrir la retraite.

Un long cri d'indignation s'éleva de toutes parts contre l'homme dont l'impéritie avait sacrifié l'armée de l'Est; et un républicain de forte trempe, M. Challemel-Lacour, s'écria en apprenant le crime : « Celui qui a consenti une pareille condition, *quel que soit son nom*, est UN MISÉRABLE [1]. »

En apprenant la signature de l'armistice,

---

[1] *Dépêches officielles*, tome II, page 48.

par une dépêche de Londres du 27 janvier, M. Gambetta, ne trouva qu'un mot, mais c'était le vrai : « JE RESTE MUET DEVANT UNE TELLE CATASTROPHE[1]. »

Le 29, M. Gambetta donna connaissance de l'armistice et de son contenu sommaire à tous les préfets et sous-préfets, mais en leur annonçant « la communication prochaine de *ses résolutions personnelles.* » Son orgueil se révoltait jusqu'à la dernière heure, et il méditait une résistance ouverte.

Il avait depuis longtemps mûri et développé sa doctrine électorale, qui consistait à frapper d'interdiction politique tous ceux qui avaient servi l'Empire, prétendant s'approprier la domination suprême, et s'emparer de la France comme d'un pays conquis.

En conséquence, il rédigea et publia, le 31 janvier, au nom de la délégation de Tours, un décret portant la signature de MM. Cré-

---

[1] *Dépêches officielles*, tome II, page 483.

mieux, Glais-Bizoin, Fourrichon et la sienne, et qui déclarait exclus de l'éligibité à l'Assemblée « les individus qui, du 2 décembre 1851 au 4 septembre 1870, avaient accepté les fonctions de ministre, de sénateur, de conseiller d'Etat ou de préfet; et ceux qui, aux élections législatives, avaient figuré sur la liste des candidatures officielles recommandées par les préfets [1]. » Le même jour il expédia aux préfets et sous-préfets, avec l'ordre de l'afficher, une proclamation aux Français, protestant contre l'armistice, faisant et demandant *le serment de défendre envers et contre tous la France et* LA RÉPUBLIQUE, et se terminant par ces mots : *aux armes ! aux armes !* [2] »

Déclamation vaine de la part d'un homme qui devait décamper dans quelques jours. Le 1ᵉʳ février, M. Jules Simon arriva à

---

[1] *Dépêches officielles*, tome II, page 489.
[2] *Ibid.*, tome II, page 494.

Bordeaux, porteur d'un décret de Paris, du 29 janvier, annulant celui de M. Gambetta, et rendant sa liberté au suffrage universel. La délégation, le conseil municipal de Bordeaux, des députations de Lyon, d'Alby et de Toulouse, appuyèrent M. Gambetta, en menaçant de la guerre civile ; mais M. Jules Simon eut le bon sens de tenir bon.

En ce moment, quelqu'un, contre lequel la résistance était impossible, intervint en faveur de la liberté électorale, et la sauva; c'est M. de Bismarck. Il déclara, au nom de l'armistice, ne reconnaître comme investie du droit de traiter qu'une Assemblée librement élue. « Au nom de la liberté des élections, stipulée par la convention d'armistice, je proteste, écrivit-il, le 2 février, à M. Gambetta, contre les dispositions édictées en votre nom, pour priver du droit d'être élus à l'Assemblée des catégories nombreuses de citoyens français. Des élections faites sous un régime d'oppression arbitraire ne pourront pas conférer les droits que la convention d'armistice reconnaît aux députés librement élus [1]. » Telle fut la leçon de liberté et de tolérance politiques que M. Gambetta et ses collaborateurs de Bordeaux reçurent de la Prusse!

Il y eut cinq jours de lutte intestine entre M. Gambetta et M. Jules Simon, rappelant, au sujet près, les combats décrits par Homère dans la *Batrachomyomachie*. Ils se traitèrent réciproquement de factieux, dans des dépêches séparées, et ce linge sale républicain, lavé en public, déconsidéra notablement tous les hommes du 4 Septembre. Paris ne l'emporta définitivement que le 6; M. Gambetta donna sa démission dans la soirée, écrivant à M. Gent « qu'il se retirait tout entier, emportant avec lui et gardant comme apanage de son parti la grande idée de la résistance nationale [2]. »

M. Gambetta ne donnait pas dans cette

---

[1] *Dépêches officielles*, tome II, page 505.
[2] *Ibid.*, t. II, page 514.

dépêche la vérité réelle sur la cause de sa retraite. Il s'en allait, parce qu'il se savait abandonné. Les dépêches de la plupart des préfets lui déclaraient que, s'il se mettait en guerre ouverte contre l'armistice, les élections et la paix, il ne serait suivi par personne, pas même par les républicains.

Abattu, ulcéré, impuissant, il sortit de l'arène. La tourbe des violents lui offrit, le 6 au soir, la présidence d'un comité de salut public, nommé dans une réunion de clubistes au Grand-Théâtre. Il la déclina et disparut, laissant les esprits étonnés de l'espèce d'illusion qu'il leur avait faite, et humiliés d'une confiance qui tombait devant son incapacité.

# CHAPITRE SIXIEME

Principat de M. Thiers

I

M. Thiers résume en sa personne une vive intelligence, affaiblie par une instruction superficielle, l'ambition des grandes choses poursuivies par les petits moyens, la passion fiévreuse du pouvoir, une grande habileté pour le saisir, une impuissance absolue pour le garder.

Cette personnalité ardente et cauteleuse se révéla tout entière dans l'attitude que prit M. Thiers à l'égard du gouvernement du 4 Septembre.

En sa qualité de député de Paris, M. Thiers

était, naturellement désigné pour faire partie de ce gouvernement. Pressenti sur sa coopération directe, il refusa. Cet ancien président des conseils de la monarchie de Juillet, cet ancien ministre des affaires étrangères ne pouvait pas espérer de négocier avec les cours européennes, étant le collègue de M. Gambetta et de M. Rochefort. Son autorité n'aurait pas résisté au ridicule de cette alliance. Il faut être descendu aux mascarades sanglantes de la Commune pour voir un ministre des affaires étrangères, nommé Paschal Grousset, notifier au Corps diplomatique le gouvernement de M. Billioray et de M. Assi.

Une autre raison empêchait M. Thiers de s'associer au gouvernement du 4 Septembre; il y aurait été seul de son opinion, et M. Thiers ne soutient que les pouvoirs qu'il domine. Il n'était pas encore décidément républicain, et, comme M. Pelletan l'a dit un peu plus tard, il n'était accepté par les démagogues qu'à titre de cheval de renfort.

Enfin, M. Thiers était trop éclairé pour supposer qu'un régime tel que celui du 4 Septembre, se substituant à l'Empire, en face de l'ennemi, et contractant par conséquent l'obligation morale de vaincre, serait en état de remplir une telle tâche. Il le voyait condamné à une chute prochaine. La conduite de M. Thiers à l'égard d'un tel régime était toute tracée d'avance; il fallait rester en dehors de lui, attendre qu'il tombât, et se créer même, dans l'opinion, des titres à sa succession, en ayant l'air de le protéger auprès des cabinets européens.

On sait déjà que M. Thiers avait accepté cette mission, et qu'il alla, aux frais de la République, se moquer d'elle à Londres, à Florence, à Vienne et à Saint-Pétersbourg. Aller justifier M. Rochefort, M. Gambetta, M. Pelletan, M. Emmanuel Arago, et parler en leur nom, on devine aisément qu'il n'y songea pas; et, comme la France était alors dans leurs mains, il ne put réussir à exciter en sa faveur aucune sympathie assez forte pour faire vaincre la répugnance qu'inspiraient les gouvernants. M. Thiers revint donc avec une conviction qu'il n'était pas nécessaire d'aller chercher si loin, parce qu'elle était celle de tout le monde, c'est que la Prusse ne traiterait pas avec un gouvernement qui ne représentait pas autre chose qu'une émeute de Paris ; et que le seul moyen de mettre un terme aux maux de la France, puisque les armements précipités resteraient évidemment inefficaces, c'était de procéder à l'élection d'une Assemblée qui aurait autorité pour parler au nom du pays.

Armistice et élections générales, voilà tout ce que M. Thiers rapportait de Saint-Pétersbourg, de Vienne, de Florence et de Londres ; avec le sincère bon vouloir des cabinets d'appuyer auprès du gouvernement prussien les propositions d'une suspension d'armes, pour arriver à discuter des bases de paix.

Mais, pendant que M. Thiers allait, au prix

d'un voyage pénible et lointain, surtout par un tel hiver et pour un homme de son âge, chercher un résultat facile à prévoir, le gouvernement de Paris s'était ôté à lui-même tous les moyens de traiter d'un armistice et de la paix, en déclarant *ex cathedrâ* qu'il ne céderait ni un pouce du territoire, ni une pierre des forteresses.

Et comme l'opinion publique se dégage peu à peu des exaltations passagères, pour revenir. en politique comme en toutes choses, au bon sens et à la pratique des affaires, les esprits se rangèrent peu à peu à l'idée d'une négociation et de la paix, avec la pensée de limiter les maux de la France, comme, dans un incendie, on sacrifie ce qu'on ne peut pas sauver.

Donc, à partir de la fin d'octobre, M. Thiers, en poussant à un armistice et à des élections générales, se trouva répondre aux vœux et aux intérêts de l'agriculture, du commerce, de l'industrie, contre le gouvernement de Paris et celui de Tours, qui poussaient à une guerre d'extermination, parce qu'ils espéraient par ce moyen fonder la République et maintenir leur domination.

Lorsque Paris aux abois mit fin, par une capitulation sans fierté, à une résistance sans gloire, il fallut bien se résigner à ces élections que les hommes du 4 Septembre redoutaient et ajournaient, parce qu'elles devaient amener une Assemblée, dans les mains de laquelle ils seraient forcés d'abdiquer leur pouvoir, sans avoir tenu leurs promesses. M. Thiers se trouva être l'homme de la situation : il était en règle avec le gouvernement de la Défense nationale, puisque, sans vouloir en être, il l'avait patronné au dehors ; il l'était bien plus avec les populations dévorées par la guerre, et qui, dans l'impossibilité démontrée de vaincre, aspiraient après une paix la moins douloureuse possible. C'est au nom de ces divers titres qu'il devait avoir, plus qu'aucun autre, les honneurs du scrutin.

On connaît l'armistice, signé à Versailles

le 28 janvier, entre M. Jules Favre et M. de Bismarck. Cet armistice devait durer jusqu'au 19 février, c'est-à-dire vingt et un jours. Des élections générales, fixées au 8 février, avaient pour mission de nommer une Assemblée qui, réunie à Bordeaux le 12 ou le 13, aurait le temps d'examiner et de voter les conditions de guerre ou de paix.

Quoique M. Thiers ait déclaré à la tribune, le 1<sup>er</sup> mars 1871, que les élections du 8 février étaient les plus libres qui eussent été faites depuis vingt ans, la vérité est qu'on n'en fit jamais dans des conditions aussi restrictives.

Annoncées le 31 janvier, pour y être procédé le 8 février, on n'eut pas six jours francs pour s'y préparer, car si les préfets purent être informés le 1<sup>er</sup> février, beaucoup de sous-préfets ne purent être avertis que le 2, et la plupart des maires ne le furent que le 3. On eut donc quatre ou cinq jours dans chaque département pour se réunir, se concerter, dresser une liste de candidats, imprimer et distribuer des bulletins de vote.

Un décret du 29 janvier, signé de M. Gambetta et de toute la délégation de Bordeaux, mais qui ne fut expédié aux préfets que le 31, donnait, comme le lecteur le sait déjà, l'exclusion de l'éligibilité à tout l'ancien personnel de l'empire [1]. Ce décret fut annulé, il est vrai, par un décret de Paris du 4 février, porté à Bordeaux par M. Jules Simon ; mais la délégation de Bordeaux maintint l'exclusion absolue des bonapartistes jusqu'au 5, ainsi que le constate une dépêche de M. Crémieux adressée à tous les procureurs généraux, ainsi conçue : « Vous connaissez le décret du gouvernement qui déclare l'inéligibilité des sénateurs, conseillers d'Etat, préfets et candidats officiels de l'ancien régime. Veuillez donner à vos substituts des instructions immédiates pour assurer l'exécution de ce décret. Vous aurez en con-

---

[1] *Dépêches officielles*, t. II, p. 489.

séquence à *empêcher l'affichage* de toute espèce d'écrits relatifs aux candidatures des personnes *déclarées inéligibles*[1].

Ce n'est que le 6 février, à trois heures et demie du soir, que M. Jules Simon, fortifié par l'arrivée de MM. Garnier-Pagès, Emmanuel Arago et Pelletan, réussit à faire triompher le décret du 4 février, qui rétablissait la liberté électorale. Quelle que pût être la rapidité avec laquelle ce document fut expédié, les sous-préfets ne le reçurent que le 7, la veille des élections ; et, dans l'immense majorité des communes rurales, les maires ne le reçurent que durant le cours des opérations.

Ainsi, en fait, tous les hommes considérables à divers titres, qui avaient servi l'empire pendant dix-huit ans, au Sénat, au conseil d'Etat, au Corps législatif, dans les préfectures, furent exclus des bénéfices du scrutin. La plupart avaient déjà été exclus du territoire, et une

[1] *Dépêches officielles*, t. II, p. 509.

dépêche de M. Ranc, directeur de la sûreté générale, du 1ᵉʳ février, prescrivait aux trente-cinq commissaires spéciaux des frontières de signaler leur rentrée sur le territoire [1]. Ces faits mettent le lecteur en situation de décider si, comme l'affirma M. Thiers, les élections du 8 février 1871 furent les plus libres qui eussent été faites depuis vingt ans, ou si elles portèrent seulement au pouvoir les candidats malheureux qui, depuis 1852, avaient sollicité en vain la confiance du suffrage universel.

On sait ce que fut l'Assemblée : une protestation raisonnable et pratique contre des armements à outrance et sans efficacité, et un foyer de rancunes aveugles et de colères égoïstes contre le régime impérial. Les républicains y étaient en minorité et en suspicion auprès de leurs collègues. M. Thiers personnifiait les sentiments pacifiques de l'As-

[1] *Dépêches officielles*, t. II, p. 497.

semblée, et plus encore ses passions contre l'Empire.

Elle se réunit le 13 février, dans la salle du Grand-Théâtre de Bordeaux, à peu près appropriée à sa destination nouvelle, sous la présidence provisoire de M. Benoist-d'Azy. M. Jules Favre vint y déposer la démission de tous les membres du gouvernement du 4 septembre. Garibaldi s'y présenta, le chapeau sur la tête, déclarant qu'il venait voter pour la République, ce qu'il n'avait pas le droit de faire, n'ayant pu être valablement élu, puisqu'il était étranger. L'aventurier italien rencontra peu de sympathie, et la séance fut levée presque aussitôt, sans que sa présence eût donné lieu à aucun incident, autre que le témoignage d'une indifférence générale.

Les travaux de l'Assemblée commencèrent le 17. Elle élut M. Grévy pour son président, et comme elle se constituait à l'état de gouvernement, elle nomma M. Thiers *Chef du pouvoir exécutif, sous l'autorité de l'Assemblée,* et président du conseil des ministres.

Deux jours après M. Thiers composa son cabinet, dans lequel. il donna la Justice à M. Dufaure, les Affaires étrangères à M. Jules Favre, l'Intérieur à M. Picard, les Finances à M. Pouyer-Quertier, les Travaux publics à M. de Larcy, l'Agriculture à M. Lambrecht, la Guerre à M. le général Le Flô, et la Marine à M. l'amiral Pothuau.

Le même jour, le gouvernement ainsi organisé fut reconnu par l'Angleterre, l'Autriche, l'Italie et l'Espagne.

Aussitôt après la constitution du gouvernement, l'Assemblée nomma une Commission de 15 membres pour assister M. Thiers dans les négociations qui devaient s'ouvrir immédiatement à Versailles. Les membres de cette Commission étaient MM. Benoist-d'Azy, Teisserenc de Bort, de Mérode, Deseilligny, Victor Lefranc, Laurenceau, de Lespérut, Saint-Marc-Girardin, Barthélemy

Saint-Hilaire, le général d'Aurelle de Paladines, l'amiral de La Roncière, Pouyer-Quertier, Vitet, Batbie et l'amiral Saisset. Cette Commission partit le soir même pour Paris, avec M. Thiers.

En prenant possession du pouvoir, M. Thiers avait déclaré qu'il comprenait ainsi sa tâche : « Il faut d'abord relever les ruines, réorganiser les pouvoirs locaux, remplacer les fonctionnaires indignes, ramener enfin de la captivité les soldats et les généraux prisonniers, avant de s'occuper des institutions à établir. » Il voulait que le jugement sur les institutions futures fût prononcé, « non par une *minorité*, mais par la *majorité des citoyens*, c'est-à-dire par la nation elle-même. » On voit aujourd'hui si la promesse de M. Thiers a été tenue, et s'il a même jamais fait mine de vouloir la tenir.

Après le départ pour Paris de la commission des quinze, l'Assemblée suspendit ses séances.

Les préliminaires de paix, acceptés et signés à Versailles, par la commission, le 26 février, furent soumis à l'assemblée, le 1ᵉʳ mars; et elle les sanctionna par 546 voix contre 107 [1]. Ceux qui refusaient de faire la paix étaient naturellement ceux qui n'avaient pas su faire la guerre. Les préliminaires ayant été adoptés, une commission de quatre membres, comprenant M. Baude, M. le général Caillé, M. de Goulard et M. Declercq, reçut la mission de négocier les conditions définitives de paix.

Le parti de la guerre à outrance ne put se résigner aux négociations. M. Rochefort, M. Ranc, M. Malou et M. Tridon donnèrent leur démission de députés, et M. Pyat sortit de l'Assemblée en protestant avec le plus de bruit possible. Un autre groupe déposa, le 6 mars, une demande tendant à obtenir que

---

[1] Le texte des préliminaires est dans l'*Officiel* du 3 mars 1871.

« les hommes du 4 Septembre rendissent compte de la manière dont ils avaient exercé le pouvoir pendant le siége. » La demande portait la signature de MM. Victor Hugo, Peyrat, Quinet, Louis Blanc, Martin Bernard, Greppo, Tolain, Schœlcher, Jean Brunet, Farcy, Floquet, Joigneaux, Henri Brisson, Edouard Lockroy et Gambon [1].

De tous les incidents qui signalèrent les travaux de l'Assemblée, pendant son départ à Bordeaux, le plus bruyant, le plus théâtral, et peut-être le moins spontané, ce fut celui qui eut pour objet de prononcer la déchéance de l'Empire.

M. Thiers, qui avait puissamment contribué à dissimuler à la France les dangers que lui faisaient courir les armements de la Prusse; M. Thiers, qui avaient combattu au Corps législatif l'organisation militaire proposée, au nom de l'empereur, par le maréchal Niel;

[1] *Officiel* du 9 mars.

M. Thiers, qui avait contesté à la tribune, non l'équité d'une guerre ayant pour but de rétablir l'équilibre rompu par la victoire de Sadowa, mais seulement son opportunité; M. Thiers qui, en votant, le 15 juillet 1870, les crédits de la marine, proposés en vue de la guerre, avait contribué à la déclarer, cherchait à détourner l'esprit de la France de la sympathique pitié due à l'Empire, tombé, comme en 1814 et en 1815, l'épée à la main et en faisant face à l'ennemi.

Il savait que les hommes du 4 Septembre, qu'il venait d'associer à son gouvernement, les Jules Favre, les Picard, les Jules Simon, redoutant les justes retours de l'opinion et le châtiment de leur trahison, consommée en présence et au profit de l'ennemi, l'aideraient à jeter sur l'empire tombé toutes les responsabilités de la défaite.

Il savait aussi que la haine invétérée des légitimistes et surtout des orléanistes, tenus vingt ans à l'écart du pouvoir par le dédain du suffrage universel, le seconderait dans ses fureurs contre un régime d'autant plus détesté, qu'il n'avait pas eu recours à lui.

Et, dès lors, certain d'être secondé, il médita de faire prononcer par l'Assemblée la déchéance de l'Empire.

Le projet, d'abord soumis à quelques intimes, leur sourit; cependant, il paraissait délicat et difficile d'entraîner une assemblée élue par les huit millions d'impérialistes du dernier plébiscite, dans une pensée d'union et de patriotisme, en vue de faire la paix, à un acte violent et haineux envers la majorité du pays, qui n'avait pas mérité par son attitude cette provocation et cette offense. En conséquence, on s'arrêta d'abord à une rédaction qui se bornait à rendre la dynastie responsable des désastres de la guerre ; et cette rédaction ayant même éprouvé quelques résistances et heurté quelques scrupules, elle fut confiée à la garde de M. Target, en attendant une occasion favorable pour la produire.

Cette occasion se présenta le 1ᵉʳ mars. L'Assemblée délibérait sur les préliminaires de paix, signés à Versailles par M. Thiers et M. Jules Favre, assistés de la commission des Quinze. M. Victor Lefranc, rapporteur, venait de faire connaître les dures conditions du vainqueur, imposant le sacrifice de l'Alsace, du cinquième environ de la Lorraine et de la vaillante ville de Metz, avec une rançon de cinq milliards. Le rapport terminé, M. Bamberger monta à la tribune, et, écartant toutes les causes qui avaient amené la guerre, laissant de côté la part de responsabilité qui revenait à l'ancienne opposition, amnistiant le crime des hommes du 4 Septembre, lesquels, après avoir désorganisé la défense, avaient, pour se maintenir au pouvoir, refusé la paix, relativement modérée, offerte par la Prusse à Ferrières, rejeta sur l'Empereur seul, en termes violents, grossiers et injurieux, les malheurs de la France.

Cette accusation injuste, absurde, haineuse,

provoqua une légitime et courageuse protestation, de laquelle sortit l'orage qu'attendait M. Thiers, pour accomplir ses desseins. Voici l'incident fidèlement et complétement reproduit, d'après le *Journal officiel* du samedi 4 mars 1871.

M. BAMBERGER. Messieurs, député de la Moselle et Strasbourgeois de naissance, je viens vous adjurer de repousser le traité de paix, ou de honte, qui est apporté devant vous. Je serai bref ; vos moments, on vous l'a déjà dit souvent, trop souvent peut-être, sont précieux ; d'ailleurs, c'est un arrêt de mort que l'on présente à votre ratification et les longs discours ne conviennent pas aux mourants.

Ce traité constitue, selon moi, une des plus grandes iniquités que l'histoire des peuples et les annales diplomatiques auront à enregistrer. Un seul homme, je le déclare tout haut, un seul homme devait le signer, cet homme c'est Napoléon III.

*Sur un très-grand nombre de bancs.* Oui ! oui ! vous avez raison.

M. BAMBERGER. *Un seul homme dont le nom*

*restera éternellement cloué au pilori de l'histoire.* (Applaudissements prolongés.)

*Un membre à droite. Napoléon III n'aurait jamais signé un traité honteux !* (Murmures et réclamations.)

*Voix diverses.* Qui dit cela? Le nom ! le nom de celui qui dit cela ?

*Le même membre.* Galloni d'Istria ! (Bruit croissant.)

M. Haentjens. Il vaut mieux blâmer un souverain prussien qu'un souverain prisonnier de nos plus cruels ennemis. Ce n'est pas M. de Bismarck qu'on blâme en ce moment... (Interruptions diverses. — Bruit prolongé.)

M. Bamberger. Mon intention n'est pas de traiter la question au point de vue historique : d'autres, sans aucun doute, s'en acquitteront mieux que nous. (Nouvelles interpellations. — M. Conti et M. Gavini prononcent des paroles que nous n'entendons pas.)

*Plusieurs membres à M. Conti.* A la tribune !

M. Conti monte à la tribune au milieu d'une vive agitation.

M. Jules Simon, *ministre de l'instruction publique, s'adressant à M. Conti.* Parlez ! parlez donc ! Osez défendre l'auteur de toutes nos catastrophes !

M. Langlois se dirige du côté de la tribune.

M. le Président. Monsieur Langlois, veuillez reprendre votre place.

M. le général Ducrot prononce avec animation quelques paroles qui n'arrivent pas jusqu'à nous.

M. Conti. J'ai été provoqué à porter... (Interruption.)

M. Gavini. Vous avez poussé M. Conti à la tribune, laissez-le donc parler !

M. Jules Simon. Oui, oui, qu'il dise donc quelque chose que d'honnêtes gens puissent entendre ! (Bruit général.)

M. le Président. Je supplie l'Assemblée de vouloir bien écouter.

*Un membre à gauche.* Je demande la parole.

M. le Président. Vous n'avez pas la parole.

Je conjure l'Assemblée de garder le calme que commande une si grave et si douloureuse discussion. (Très-bien ! très-bien !)

M. Bamberger cède-t-il la parole à M. Conti ?

M. Bamberger. Je la cède provisoirement, monsieur le président, et en réservant mon droit. (Oui ! oui ! très-bien !)

M. le Président, *à M. Conti.* Vous avez la parole.

M. Conti. J'ai été provoqué à porter à cette tribune la protestation que je voulais faire de ma place contre les paroles prononcées par l'honorable préopinant. (Rumeurs.)

Cette protestation, je n'hésite pas à la renouveler ; je la ferai avec conviction et avec courage. (Bruyantes interruptions. — Parlez ! parlez !)

M. le Président. Messieurs, puisque vous exigez que l'orateur parle, ayez la patience de l'écouter.

M. Conti. Cette protestation, je n'hésite pas à la renouveler, et j'espère qu'elle retentira dans le pays tout entier, si, ici, elle n'est pas accueillie par tout le monde avec une égale faveur. (Nouvelles interruptions.)

Messieurs, dans un débat si douloureux, si poignant, je ne m'attendais pas à des diversions passionnées (Ah ! ah !), à d'injustes récriminations contre un passé auquel plusieurs de nous se rattachent... (Allons donc ! allons donc ! Non ! non !) Vous dites : non. Est-ce qu'il n'y a pas ici beaucoup de nos collègues qui, comme moi, ont prêté serment à l'empire ?... (Bruyantes réclamations) qui, comme moi, l'ont servi avec dévouement, et qui, certainement, ne voudront pas répudier leur passé? (Nouvelles et bruyantes réclamations.)

*Un membre.* Et l'empereur, est-ce qu'il n'avait pas prêté serment à la République?

M. Dufaure, *ministre de la justice.* Je demande la parole.

M. Gavini. Je proteste avec M. Conti... (Le bruit couvre la voix de l'orateur.)

M. le duc de Marmier. *Un serment forcé n'oblige jamais.* (Bruit confus.)

M. Conti. Messieurs, j'étais venu ici dans un esprit de conciliation et de patriotisme associer ma responsabilité à la vôtre. (Exclamations et murmures. — Plusieurs membres se lèvent et adressent à l'orateur des paroles qui ne parviennent pas jusqu'à nous.)

M. le Président, *s'adressant aux interrupteurs.* Messieurs, veuillez vous asseoir, vous n'avez pas la parole.

Continuez, monsieur Conti.

*Plusieurs membres.* Non! non! assez! assez!

M. le Président. Encore une fois, veuillez ne pas interrompre, où je serai contraint de vous rappeler à l'ordre. (Très-bien!)

M. Conti. Je disais que, dans un profond esprit de conciliation, j'étais venu comme la plupart d'entre vous, apposer ma responsabilité au bas de l'acte que nous sommes obligés de souscrire.

Oui, je crois que l'heure de la paix est venue, que le moment est venu de panser nos plaies, de guérir nos maux ; mais à une amertume déjà si grande, pourquoi venir en joindre une autre ? Pourquoi voulez-vous m'empêcher d'attester mes convictions les plus intimes et les plus sincères ? (Vives interruptions. — Assez ! assez !)

M. Gavini. Protestez contre la violence qui vous est faite et descendez de la tribune.

M. le Président. Monsieur Gavini, vous n'avez pas la parole.

M. Conti. Ces interruptions ne me feront pas descendre de la tribune... car je viens défendre des principes, je viens défendre mon pays (Exclamations), tout ce qu'il a honoré. N'est-ce pas assez d'avoir à voter la mutilation de son pays, faut-il encore retrancher de son histoire quelques années glorieuses et dont la prospérité ne sera pas oubliée ? (Vives réclamations et murmures sur un grand nombre de bancs.)

M. Vitet. *Allons donc ! glorieuses ! Dites honteuses !*

M. Conti. Laissez-moi tenir ce langage. Vous me répondrez. (Assez ! assez !)

Vos récriminations... (Bruit.)

M. Gavini. Protestez et descendez de la tribune. Puisqu'on refuse de vous entendre, ne prolongez pas davantage ce douloureux incident. Nous nous joignons à vous !

M. Conti. Avant de descendre de cette tribune, je dirai ce que j'ai à dire : En attaquant le gouvernement que je défends *vous incriminez la France elle-même, qui l'a fondé et soutenu par une série de plébiscites.* (Bruit général.)

Oui, messieurs, ce gouvernement pour lequel vous n'avez pas assez d'injures... (Nouveaux cris : Assez ! assez !)

M. le marquis de Franclieu. Descendez de la tribune ; *les bourreaux n'ont pas le droit d'insulter les victimes.*

M. Conti. Vous me faites souvenir... (Assez ! assez !)

M. Haentjens. Descendez de la tribune.

M. Conti. Je n'en descendrai pas, je ne subirai pas cette violence, je dirai toute ma pensée. (Assez ! assez !)

Est-ce donc là la liberté que vous voulez nous donner ! (Assez ! assez !)

Messieurs, en 1856, l'honorable chef du pouvoir disait... (Bruit général.)

M. le marquis de Franclieu. Nous ne voulons pas vous entendre.

M. Wilson. Il est dommage que Napoléon III lui-même ne soit pas là.

M. Conti. Après la guerre de Crimée... (Aux voix! aux voix! — Agitation croissante.)

M. le duc de Marmier. M. Bamberger avait la parole. Pourquoi ne reprend-il pas son discours ?

M. le Président. Monsieur le duc de Marmier veuillez garder le silence.

Messieurs, voulez-vous permettre à votre président de présider la séance. (Ecoutez! écoutez!)

M. Bamberger remonte à la tribune à côté de M. Conti, et sa présence y est accueillie par des applaudissements.

M. le Président. Vous n'avez pas la parole en ce moment, monsieur Bamberger, veuillez descendre de la tribune.

(M. Victor Hugo remplace à la tribune M. Bamberger qui en est descendu. — Des applaudissements éclatent sur plusieurs bancs.)

*Voix à gauche.* Parlez, monsieur Victor Hugo.

M. le Président. Si un pareil bruit continue, vous me mettrez dans la nécessité de suspendre la séance. (Le silence se rétablit.)

Vous avez demandé que M. Conti montât à la tribune. (Non! non! — Si!)

M. Dufaure, *ministre de la justice.* Ce n'était pas pour faire un discours et une apologie.

M. Conti. *Je comprends bien : C'est toute la mesure de la liberté que vous me laissez !* Je ne puis (Interruptions diverses) pas répondre à toutes les interpellations qui me sont adressées ; cependant... (Tumulte.)

M. le Ministre de la justice. *Ne nous faites pas perdre notre temps.* M. Bamberger ne vous a pas céder la parole pour cela.

M. le Président. Si l'Assemblée voulait faire silence, elle permettrait au président d'entendre l'orateur, et il l'aurait déjà ramené à la question dont il lui a paru s'écarter. Je laisse la parole à M. Conti... (Non ! non ! — Vives protestations.)

M. Conti. Je ne veux pas... (De nouvelles interpellations sont adressées de divers côtés à l'orateur, au milieu d'un bruit confus.)

M. Schœlcher. Levez la séance, monsieur le président.

*Un membre.* Les Prussiens sont chez nous, messieurs, hâtons-nous ! (Le bruit persiste.)

M. le Président. Je laisse la parole à M. Conti, à qui je ne peux la retirer sans qu'il se soit mis en infraction au règlement. Je ne la lui laisse qu'à la condition qu'il se renfermera strictement dans la question et qu'il ne provoquera pas les émotions de cette Chambre. (Mouvement en sens divers.)

M. Conti. Je ne mérite pas le reproche indirect que M. le président m'adresse. Je ne me suis pas écarté de la question ; ce sont les orateurs qui m'ont précédé qui s'en sont écartés en faisant allusion à des faits qui ne sont pas en cause. (Exclamations et protestations nombreuses et bruyantes.)

M. Vitet. Comment! qui ne sont pas en cause? Ils sont bien la cause de la guerre.

M. Conti. Après m'avoir obligé à monter à cette tribune pour répondre à des accusations inouïes, vous m'opprimez par vos interruptions et vous attaquez de tous côtés avec une violence sans exemple l'Empire que j'ai servi, que je vénère et que j'ai bien le droit de défendre. Je disais tout à l'heure qu'à une certaine époque... (Interruption.)

*Un membre.* C'est pour le *Moniteur* que l'orateur parle, car on ne l'entend pas.

M. Conti. *Je parle pour que la France m'entende, et elle m'entendra.* (Vives réclamations.)

*Une voix à droite.* Elle ne vous entendra pas. (Bruit.)

M. le comte de Douhet. Nous demandons la clôture de l'incident.

M. Conti. Je n'ai jamais vu dans une Assemblée une pareille intolérance. (Nouvelles exclamations.)

M. Cochery. *C'est de l'indignation !*

M. Dufaure, *ministre de la justice.* Et quand M. Thiers vous recommandait la paix, vous avez été sur le point de l'arracher de la tribune !

*Plusieurs voix à gauche. La déchéance ! la déchéance !*

M. Paul Bethmont. Il n'y a qu'un moyen de clore l'incident, *c'est de prononcer la déchéance de l'empereur Napoléon et de sa dynastie.* (Oui ! oui !)

(Un grand nombre de députés se lèvent en criant : La déchéance ! la déchéance !)

M. Target monte à la tribune pour remettre sur le bureau une proposition. Sur l'invitation de M. le président il en descend aussitôt.

*Voix nombreuses. La déchéance ! la déchéance !*

M. le comte de Douhet. Descendez de la tribune, monieur Conti, ce sera plus sage que de prolonger cet incident.

M. le Président. Monsieur Conti, vous n'avez eu la parole que par une concession de M. Bamberger qui était à la tribune et pour donner une explication personnelle ; votre explication étant épuisée je vous engage à descendre de la tribune. (Oui ! oui !)

M. Conti. Je ne puis que céder à l'intolérance de la Chambre ; et puisque la parole m'est retirée, je descends de la tribune. (Exclamations diverses. — De vives interpellations sont adressées à M. Conti par plusieurs membres pendant qu'il retourne à sa place.)

M. le Président. J'invite la Chambre au calme et au silence. Si l'agitation qui règne en ce moment ne s'apaise pas, je serai obligé de suspendre la séance.

*Sur divers bancs.* Oui ! oui ! vous ferez bien. — Suspendez la séance !

M. Langlois. Votons la déchéance des Bonaparte. (Oui ! oui ! la déchéance !)

(Un grand nombre de membres se lèvent en criant : *La déchéance ! la déchéance !* — Agitation générale et tumultueuse.)

M. le Président. Puisque le calme ne se rétablit pas, je vais suspendre la séance pendant un quart d'heure. (Marques nombreuses d'approbation.)

(M. le président se couvre, et la séance est suspendue à 2 heures moins 10 minutes ; elle est reprise à 2 heures 1/4.)

M. le Président. Je prie l'Assemblée de ne pas se laisser distraire par des émotions, quelque légitimes qu'elles soient, du sentiment de gravité et de calme douloureux qui doit présider à cette délibération. (Très-bien ! très-bien !)

Je donne la parole à M. Target pour une motion d'ordre.

M. Target. L'Assemblée doit être impatiente de reprendre la discussion du douloureux traité ; mais avant de donner suite à l'incident qui vient de se produire, je propose la motion suivante :

« L'Assemblée nationale clôt l'incident, et dans les circonstances douloureuses que traverse la patrie, et en face de protestations et de réserves inattendues, *confirme la déchéance de Napoléon III et de sa dynastie, déjà prononcée par le suffrage universel, et le déclare responsable de la ruine, de l'invasion et du démembrement de la France.* » (Acclamations prolongées.)

> Ont signé : MM. Target, Bethmont, Jules Buisson, René Brice, Ch. Rolland, Tallon, le duc de Marmier, Pradié, Ricard, Girard, Lambert de Sainte-Croix, Wilson, Ch. Alexandre, Baragnon, Léon Say, Victor de Laprade, Louis Viennet, Farcy, F. Dupin, Marcel-Barthe, comte d'Osmoy, Wallon, Ch. Rives, comte de Brettes-Thurin, Villain.

(Les membres des diverses parties de l'Assemblée se lèvent en applaudissant et en criant : Très-bien! très-bien! Bravo! bravo!)

M. Conti. Je demande la parole.

M. Gavini. Messieurs... (Non! non! c'est voté!)

Ayez au moins le respect des minorités! (Interruptions diverses.)

Je dois protester de toutes les forces de mon âme... (Nouvelles et plus bruyantes interruptions.) contre la proposition. (Assez! assez!) Cette Assemblée n'a pas le droit de prononcer sur la question qui lui a été présentée ; élue pour une mission spéciale, elle n'est pas constituante... (Réclamations.)

*Nouveaux cris.* Aux voix! aux voix!

M. Gavini. Le suffrage universel seul peut détruire l'œuvre qu'il a édifiée par quatre plébiscites solennels; faites appel au suffrage universel, si vous l'osez (Aux voix! aux voix!), et alors, lorsque le peuple aura prononcé, bien criminel sera celui qui ne se soumettra pas à sa volonté, seule souveraine. (Aux voix! aux voix! — Le bruit couvre la voix de l'orateur.)

Je proteste contre la proposition.

M. de Tillancourt. Aux voix et à l'ordre!

M. le marquis de Larochejaquelin. Le peuple a prononcé en nous envoyant ici.

(M. Gavini descend de la tribune au milieu des cris : Aux voix! — A l'ordre! — Une vive agitation règne dans l'Assemblée.)

M. le Président. La proposition est la clôture de l'incident.

On a demandé le scrutin public sur cette proposition.

*De toutes parts.* Non! non! C'est inutile!

M. Conti. Vous ne permettez pas de la discuter.

M. Cochery, *s'adressant à MM. Conti et Gavini.* Vous froissez tous les sentiments de l'Assemblée, et à quel moment! (Bruit général.)

M. Thiers, *chef du pouvoir exécutif.* Donnez la parole à M. Conti! (Non! non! — Oui!)

Monsieur le président, donnez-leur la parole pour qu'ils justifient les fautes de l'empire.

*Plusieurs membres.* Oui! oui! Qu'ils le fassent s'ils l'osent.

M. Thiers monte à la tribune au milieu des applaudissements de l'Assemblée.

M. le Président. La parole est à M. Thiers, chef du pouvoir exécutif.

M. Thiers, *chef du pouvoir exécutif.* Messieurs, je vous ai proposé une politique de conciliation et de paix, et j'espérais que tout le monde comprendrait la réserve et le silence dans lesquels nous nous renfermons à l'égard du passé. Mais lorsque ce passé se dresse devant le pays... (Vive adhésion. — Bravos et applaudissements.)

M. CONTI. Je demande la parole.

M. LE CHEF DU POUVOIR EXÉCUTIF... lorsque ce passé semble se jouer de nos malheurs dont il est l'auteur... (Oui! oui! — Nouveaux bravos.) ...Le jour où le passé se dresse devant nous, quand nous voudrions l'oublier, lorsque nous courbons la tête sous ses fautes, permettez-moi de le dire, sous ses crimes (Oui! oui! c'est vrai!), savez-vous ce que disent en Europe les princes que vous représentez? — Je l'ai entendu de la bouche des souverains, — ils disent que ce n'est pas eux qui sont coupables de la guerre, que c'est la France; ils disent que c'est nous. Eh bien! je leur donne un démenti à la face de l'Europe. (Applaudissements.) Non, la France n'a pas voulu la guerre (Non! non!); c'est vous, vous qui protestez, c'est vous qui l'avez voulue. (Oui! oui!)

(M. Conti, au pied de la tribune, adresse à l'orateur des paroles qui sont étouffées par les cris : « N'interrompez pas ! — A l'ordre ! à l'ordre ! » — Plusieurs représentants, au pied de la tribune, interpellent vivement M. Conti.)

M. le Président. J'engage MM. les représentants à s'éloigner du pied de la tribune et à prendre leurs places ; c'est une condition du silence et de l'ordre dans la discussion. (C'est vrai ! — Très-bien !)

M. Thiers, *chef du pouvoir exécutif*. Vous avez méconnu la vérité ; elle se dresse aujourd'hui devant vous, et c'est une punition du ciel de vous voir ici, obligés de subir le jugement de la nation, qui sera le jugement de la postérité. (Oui ! oui ! — Vifs applaudissements.)

Eh bien ! vous venez soutenir ici l'innocence du maître que vous serviez. Je respecte toujours toutes les douleurs : ce n'est pas l'individu que j'attaque.

M. Conti. Il n'y paraît guère !

M. le chef du pouvoir exécutif. Mais vous voulez soutenir ici l'innocence du maître que vous avez servi. Si l'Assemblée écoute mon conseil, elle vous laissera la parole.

Eh bien ! venez parler des services rendus à la France par l'empire ; il en est beaucoup de nous ici qui vous répondront à l'instant même. (C'est vrai ! très-bien !)

Si l'Assemblée veut clore l'incident. (Oui !

oui!) ce sera plus sage et plus digne (Assentiment) ; mais si elle ne veut pas clore l'incident, je la supplie de laisser parler à cette tribune les représentants de l'empire.

Je n'ajoute plus qu'un mot : Quant au droit national, vous dites que nous ne sommes pas Constituants. Mais il y a une chose qui ne fait pas question, c'est que nous sommes souverains. (Oui ! oui ! souverains !)

Savez-vous pourquoi? C'est que, depuis vingt ans, c'est la première fois que les élections ont été parfaitement libres (Acclamations), et que le pays a pu dire librement sa volonté. (Réclamations de M. Conti et de M. Gavini.)

M. DUCUING, *s'adressant à MM. Conti et Gavini.* La preuve, c'est que vous avez été nommés !

M. LE CHEF DU POUVOIR EXÉCUTIF. La clôture de l'incident, c'est ce qui serait le plus digne. (Oui ! oui !) Mais si la clôture ne prévalait pas, écoutez alors ceux qui voudraient venir se justifier ; nous leur répondrons. Pour moi, je demande la clôture de l'incident. (Vive adhésion. Très-bien ! — L'ordre du jour !)

M. CONTI. — Vous voulez étouffer la discussion, c'est ainsi que vous procédez. Je demande la parole pour combattre la proposition qui a été faite. (Exclamations nombreuses.)

M. le Président. La clôture de l'incident a été demandée...

M. Louis Blanc. Je demande la parole.

*Cris nombreux.* La clôture ! la clôture !

M. le Président. La clôture de l'incident a été demandée, je dois la mettre aux voix.

Il m'a été remis une demande de scrutin de division. (Exclamations.)

Les auteurs de la demande de scrutin persistent-ils ? (Non ! non !)

M. Paul Bethmont. Votons par acclamation !

M. le Président. Je mets aux voix la clôture de l'incident dans les termes où elle a été proposée, et que voici :

« L'Assemblée nationale clôt l'incident, et dans les circonstances douloureuses que traverse la patrie, en face de protestations et de réserves inattendues, confirme la déchéance de Napoléon et de sa dynastie, déjà prononcée par le suffrage universel, et le déclare responsable de la ruine, de l'invasion et du démembrement de la France. » (Aux voix ! aux voix !)

M. Conti. Je demande la parole. (Non ! non ! Assez !)

M. le président. Je mets aux voix la clôture de l'incident dans ces termes.

(La clôture est mise aux voix et adoptée à une

très-grande majorité. — Quelques membres seulement se lèvent à la contre-épreuve ; plusieurs autres s'abstiennent.)

M. Cochery. Je constate que cinq membres seulement se sont levés à la contre-épreuve.

M. Daniel Wilson. Il y en a eu six ; pas un seul de plus ! Je demande que ce soit constaté au *Moniteur*.

*Un membre à droite.* Il y a eu des abstentions !

L'histoire n'a pas à se préoccuper des insultes adressées par des Vitet, des Franclieu, des Cochery et autres illustrations pareilles, à celui qui fut élevé et maintenu au pouvoir par huit millions d'hommes, et visité aux Tuileries par tous les souverains de l'Europe, depuis la reine Victoria jusqu'au Sultan ; mais elle a le devoir de jeter un peu de jour sur l'incident qui se produisit pendant l'interruption de la séance, de 2 heures moins 10 minutes à 2 heures un quart.

M. Thiers, M. Target, M. Bethmont, réunis par une pensée commune, se rendirent dans le cabinet de M. Grévy, qui les y conduisit; là, ils relurent l'ancienne rédaction de M. Target, qui se bornait à déclarer l'empereur responsable des malheurs de la France, et au bas de laquelle figuraient quelques signatures. Cette rédaction ayant paru insuffisante, on en essaya une nouvelle, dans laquelle la déclaration de déchéance devait occuper la première place. Ces modifications furent longues, pénibles et recommencées. Le papier original de M. Target, qui est déposé aux archives de l'Assemblée, en porte les traces ; il est froissé, usé et un peu terni, ce qui prouve qu'il avait été rédigé depuis plusieurs jours et tenu en réserve dans une poche. Après des essais divers, un autre papier neuf fut pris, et reçut la rédaction nouvelle ; mais, produit immédiatement à la tribune, il ne portait et ne pouvait porter aucune signature ; il est également déposé aux archives, et il témoigne matériellement, comme l'autre, de ce qui se passa dans le petit comité.

Lorsque M. Target, après avoir lu sa motion, ajouta, selon le *Journal officiel*, les mots : ONT SIGNÉ, et lut les 25 noms qui suivent, il ne donna pas à l'Assemblée un renseignement exact. D'abord, ce n'est pas la rédaction nouvelle qui était signée, mais l'ancienne ; ensuite deux des signataires de la première motion protestèrent contre la deuxième motion, et deux autres membres n'avaient signé ni l'une ni l'autre. C'est là un nouvel et petit épisode à joindre à l'histoire de la sincérité des partis.

Que la Chambre eût le droit de voter la motion qu'on vient de lire, cela n'est pas douteux ; mais que ce vote eût le pouvoir d'infirmer l'autorité des plébiscites qui avaient élevé l'empire, de détruire la légitimité de ce gouvernement, pendant sa durée, et d'enchaîner la souveraineté nationale pour l'avenir, c'est bien différent. Les Cours d'assises de Bordeaux et d'Aix ont prononcé l'acquittement de deux journalistes, poursuivis pour avoir écrit que la déchéance prononcée le 1ᵉʳ mars n'avait pas pu détruire ce que les plébiscites avaient établi.

Deux choses sont d'ailleurs certaines : la motion adoptée à Bordeaux n'est pas une loi, mais une simple résolution; et la déclaration contenue dans le texte, et portant que *la déchéance de Napoléon III avait déjà été prononcée par le suffrage universel*, est absolument dépourvue d'exactitude. Le suffrage universel n'a jamais été consulté expressément, depuis le 8 mars 1870, sur la dynastie des Napoléon; et de nombreux symptômes font présumer que le jour où la nation serait appelée à se prononcer à cet égard, elle rétablirait l'héritier de Napoléon III sur le trône.

Maintenir le siége du gouvernement à Bordeaux était évidemment impossible. Le 10 mars, la motion fut faite de le rapprocher de Paris. M. Thiers conservait, à cette époque, toutes ses illusions sur l'esprit de la capitale, il s'y croyait encore influent. [...] affirma à l'Assemblée qu'elle pourrait se tra[ns]porter à Paris, sans danger, et qu'il ir[ait] avec elle [1]. Néanmoins, il pensait qu'il ét[ait] suffisant de s'en rapprocher, en attenda[nt] que le gouvernement s'y établît tout à fa[it]. Il mêlait le retour à Paris à l'établissem[ent] d'institutions nouvelles. Dans ce discou[rs] plein des incohérences et des répétitions ha[bi]tuelles à l'orateur, il renouvela sa promes[se] de se borner à *réorganiser* la France, et [de] s'abstenir de la *constituer*. Il félicita l'Asse[m]blée de *la sagesse qu'elle avait eue, en ne s[on]geant même pas à se déclarer constituante,* contentant d'être *souveraine*. Il donna *sa p[a]role d'honnête homme* de rendre la Fra[nce] telle qu'il l'avait reçue, *restaurée*, non *con[sti]tuée* [2].

Finalement, M. Thiers proposa de tra[ns]porter le gouvernement à Versailles :

---

[1] Ces étranges illusions se trouvent au *Journal off[iciel]* du 13 mars.

[2] *Journal officiel*, 13 mars, p. 171.

Républicains proposaient Paris. La proposition fut mise aux voix. Paris fut repoussé par 427 voix contre 154. Versailles l'emporta, à la majorité de 461 voix contre 104; mais M. Thiers, persistant dans ses illusions jusqu'au bout, déclara qu'il comptait sur les lumières et sur le patriotisme de Paris, pour éviter la guerre civile.

Or, Paris était ce que peut être une ville dominée par la démagogie, et qui était restée six mois sans gouvernement sérieux. Le vieux fonds de mœurs légères, frondeuses, insouciantes, avides de nouveautés et de spectacles, y était le même. L'Empereur d'Allemagne n'avait pu refuser à son armée, ivre de sa victoire, la satisfaction d'entrer dans Paris, et d'y rester pendant trois jours. Les Allemands se présentèrent donc, le 1<sup>er</sup> mars, à 9 heures du matin, à la Barrière de l'Etoile, et occupèrent les Champs-Elysées. Quelques cœurs restés français résolurent de protester, par un témoignage de deuil public. Les journaux ne parurent pas, les magasins restèrent fermés; mais deux cent mille curieux occupèrent, depuis l'Arc de Triomphe jusqu'au rond-point, toutes les fenêtres par où l'on pouvait voir les Prussiens, et se prodiguèrent dans les contre-allées, par où l'on pouvait les coudoyer. Pendant ces trois jours d'occupation, l'incurable curiosité de la capitale des badauds s'étala avec cynisme.

De leur côté, les députés démagogues, battus au scrutin qui avait approuvé les préliminaires de paix, voulurent couvrir leur responsabilité envers les violents, qui les avaient élus. Le 6 mars avait été signée une proposition demandant que les membres du gouvernement du 4 Septembre rendissent compte de la manière dont ils avaient exercé le pouvoir, pendant le siége. Cette proposition, principalement dirigée contre M. Jules Favre, M. Jules Simon, M. Picard et M. Trochu, portait les signatures de MM. Victor Hugo, Peyrat, Quinet, Louis Blanc, Martin Bernard,

Greppo, Tolain, Schœlcher, Jean Bonnet, Farcy, Floquet, Joigneaux, Henri Brisson, Lockroy et Gambon[1]. Plus tard, le 20 mars, ces mêmes députés signèrent une adresse à la démagogie parisienne, pour s'excuser de n'avoir pu faire transférer l'Assemblée à Paris. Mais, moins sincères ou moins résolus que ceux de leurs collègues qui avaient donné leur démission, ils déclarèrent conserver leur mandat pour servir Paris et la République.

Dès que la translation eût été décidée par le vote du 10 mars, les députés quittèrent Bordeaux et s'acheminèrent vers Paris, où, contrairement aux espérances de M. Thiers, les attendait la Commune, c'est-à-dire la guerre civile, le pillage, l'incendie et les massacres.

La guerre civile, après la reddition de Paris, tout le monde l'avait prévue, en Europe, excepté M. Thiers; et lorsqu'on vit que

---

[1] *Journal officiel* du 9 mars.

la capitulation désarmait les troupes régulières et laissait leurs armes à 250,000 gardes nationaux, nourris à ne rien faire, aux frais de l'Etat, personne n'en douta plus.

Au mois de juin 1848, lorsqu'on voulut reprendre les fusils aux cent mille ouvriers organisés en ateliers nationaux, il fallut employer trente mille hommes de troupes régulières, avec une puissante artillerie, et livrer une bataille de trois jours, où il périt plus de généraux que dans une longue campagne. Ce n'étaient pas leurs armes que ces hommes défendaient, c'était leur pain, qu'on leur avait imprudemment promis, en les lançant dans la rue, pour y conquérir le pouvoir au profit de quelques ambitieux.

La résistance de la garde nationale au désarmement, après la capitulation de Paris, était aussi certaine que celle des ateliers nationaux, et bien plus dangereuse. La garde nationale était incomparablement plus nombreuse en 1871 qu'en 1848; elle avait le même salaire à défendre, pour nourrir la fainéantise dans laquelle on l'avait plongée; et, tel était le désarroi de la société, qu'il n'y avait aucun espoir de voir les ateliers se rouvrir, le commerce reprendre, et les deux cent mille ouvriers, qu'on avait jetés sur le pavé, trouver immédiatement du travail.

D'un autre côté, on ne pouvait pas oublier qu'à cette garde nationale étaient mêlés les trente-cinq mille voleurs ou repris de justice sortis de prison ou venus du dehors; et, d'un autre côté, le gouvernement légal, en s'établissant à Versailles, livrait Paris aux hommes de l'Internationale, de Blanqui, de Flourens, de Pyat, lesquels résisteraient difficilement à la tentation de prendre leur revanche de l'échec du 31 octobre. Ils s'y trouvaient d'autant plus conviés, qu'ils avaient, enrégimentés et en armes, 250,000 hommes, appuyés d'une formidable artillerie. Tout autorisait donc à penser que les agitateurs de Paris allaient reprendre le projet de M. Ledru-Rollin, que le lecteur connaît déjà, et faire revivre la GRANDE COMMUNE de 1792, qui avait abattu la monarchie, présidé à l'élection de la Convention et établi la République.

Il fallait la naïve confiance de M. Thiers en lui-même, et ses béates illusions, pour être convaincu, comme il le disait à la tribune, le 20 mars, « que le calme de l'Assemblée désarmerait Paris[1]. »

La Commune de Paris, organisée par voie d'insurrection le 10 août 1792, et reconstituée, le 31 mai 1793, avec des éléments encore plus violents, est restée le rêve des révolutionnaires réunis et concentrés dans la capitale. Cette Commune eût mis tous les pouvoirs sociaux entre les mains d'un groupe d'énergumènes, lie et écume de tout ce qu'une grande ville possède de déclassés. La Commune créée à Paris eût déterminé une organisation du même genre à Lyon, à Marseille,

---

[1] *Journal officiel* du 23 mars, p. 196.

à Toulouse, dans tous les grands centres où se seraient rencontrés les mêmes éléments de désordre. C'eût été la résurrection du jacobinisme, et la régularisation de la démagogie universelle. Si la Commune était, la société chrétienne et civilisée ne pourrait plus être. L'émeute du 31 octobre, si difficilement vaincue, avait tenté de l'établir; et il fallait toute la légèreté d'esprit de M. Thiers pour ne pas comprendre que les vaincus d'octobre, devenus les maîtres de Paris, tenteraient les derniers efforts pour faire prévaloir leurs idées.

« Un peu avant le départ de l'Assemblée pour Paris, dit le général Trochu, je me suis présenté chez M. Thiers, et je lui ai dit : Monsieur le Président, vous allez à Paris pour gouverner; permettez à l'ancien gouverneur de Paris, qui connaît bien la situation, de vous annoncer que vous y allez *pour y rencontrer la guerre civile;* et je puis ajouter que, si vous n'avez pas, pour combattre la sédition, d'autres troupes que celles que j'ai laissées à Paris, vous courez le risque d'un très-dangereux échec. » M. Thiers, avec la vivacité que vous lui savez, a fait quelques pas en arrière vers son bureau qui était là. Il est revenu avec un papier à la main : « Mon cher général, au moment où vous m'exposez ces préoccupations pessimistes, j'ai avis que *les insurgés de Montmartre se disposent à nous rendre leurs canons de bonne grâce*[1]. »

C'est aveuglé par de telles présomptions que le chef du pouvoir exécutif poussa vers Paris l'Assemblée, où elle tint sa première séance le 20 mars, deux jours après l'insurrection de Montmartre et l'assassinat des généraux Lecomte et Clément Thomas.

[1] *Déposit. du général Trochu*, p. 312.

## II

L'élément communiste et jacobin, livré à lui-même au milieu de Paris sans gouvernement, s'agitait sourdement, en attendant qu'il éclatât. Des bandes de gardes nationaux armés, menacés par un décret récent de perdre l'allocation de 1 fr. 50 cent. qu'ils touchaient depuis cinq mois, parcouraient la ville. L'anniversaire du 24 février fut un prétexte de bruyants pèlerinages à la colonne de Juillet. Le 29, un crime abominable fut commis. Des bandes innombrables ayant reconnu un brave et fidèle employé de la police, le poursuivirent, l'arrachèrent d'un poste, et, n'ayant fait de son corps qu'une plaie, le lièrent sur une planche et le portèrent à la Seine. Un bateau-omnibus s'étant approché pour recueillir cette épave humaine, vingt mille gardes nationaux lui lancèrent des pierres, le couchèrent en joue et l'obligèrent à s'éloigner. La pauvre victime, c'était Vincenzini.

La présence des Prussiens dans le quartier des Champs-Élysées entretint l'agitation du 1ᵉʳ mars au matin au 3 au soir. Les gardes nationaux, sous prétexte de soustraire les canons et les mitrailleuses aux ennemis, en avaient traîné plusieurs centaines à Montmartre, à la Place Royale, au Luxembourg et au faubourg Saint-Antoine. M. Thiers, qui commençait à entrevoir la vérité, multipliait les proclamations et suppliait *les bons citoyens* de se lever et de repousser de *perfides instigateurs*. Le 7 mars, le général d'Aurelle de Paladines prenait le commandement de la garde nationale et faisait entendre quelques paroles fermes ; mais aucun effort effectif n'était fait pour rassurer les hommes d'ordre.

Le 7, on affiche une proclamation du gouvernement, faisant appel à la *conciliation*, à l'*union ;* il exprime *sa confiance* dans le bon esprit des insurgés et fait appel à leur *sagesse*, à leur *dignité* et à leurs *vertus civiques.* Le 12, le général Vinoy agit en soldat ; il supprime dix journaux démagogiques. Le 13, les émeutiers pillèrent dix millions de cartouches; le 18, les masques sont levés et la guerre civile éclate.

Un groupe directeur, désigné sous le nom de comité central, et dont les membres n'étaient pas encore connus, avait dans les mains l'autorité exercée sur la garde nationale vouée au désordre. Ce comité central se composait de vingt démagogues, la plupart fort obscurs, et qui étaient : Assy, Billioray, Ferrat, Labitte, Ed. Moreau, Ch. Dupont, Varlin, Boursier, Mortier, Gouhier, Lavalette, Fr. Jourde, Rousseau, Ch. Lullier, Blanchet, G. Grillard, Barroud, H. Géresme, Fabre, Pougeret [1].

[1] *Journal officiel* du 20 mars.

Ce comité central, en prévision d'un acte énergique du gouvernement pour faire rentrer Paris dans l'ordre, avait organisé ses forces ; et lorsque, le 18 au matin, une expédition mal combinée se présenta pour enlever les canons réunis à Montmartre, les soldats sont repoussés ; et, en présence d'une résistance qui se généralise, les troupes évacuent Paris et se concentrent sur Versailles. Dans la journée, les généraux Clément Thomas et Lecomte, faits prisonniers à Montmartre, sont fusillés, vers 4 heures du soir, dans une maison de la rue des Rosiers portant le n° 6.

Vers la fin de cette journée lamentable, le désarroi du Gouvernement, réuni aux Affaires Etrangères, fut extrême. M. Thiers se sauva par un escalier dérobé, donnant l'ordre d'évacuer tous les forts, même le mont Valérien. Les instances les plus énergiques du général Vinoy et de quelques députés suffirent à peine à obtenir de cet esprit effaré qu'il révoquât l'ordre relatif au mont Valérien.

On y envoya vers une heure du matin, un officier résolu avec de bonnes troupes; un quart d'heure plus tard, il eût été occupé par les démagogues, et Dieu sait quand il aurait été repris !

Le 18, le *Journal Officiel* appartenait au Gouvernement, et publiait ses proclamations; le 19, il appartenait à l'insurrection victorieuse, qui proclamait à son tour. Le Comité central, qui se démasqua ce jour-là, publia une déclaration dans laquelle il disait aux Parisiens : « Vous nous aviez chargés d'organiser la défense de Paris et de vos droits; nous avons confiance d'avoir rempli cette mission; préparez et faites de suite vos élections communales. » Ces élections étaient fixées au 22 mars, dans trois jours.

C'est le lendemain, 20 mars, que l'Assemblée tenait sa première assemblée à Versailles, et le département de Seine-et-Oise était mis en état de siége, sur la proposition de M. Ernest Picard[1]. Durant le cours de cette séance,

[1] *Journal officiel* du 22.

M. Thiers dit, en gémissant, que Paris l'avait *abandonné.* M. Ernest Picard, plus sincère, avoua qu'on l'avait chassé. M. Thiers qui était pourtant l'homme de la rue Transnonain, n'en déclara pas moins à la tribune, le lendemain, 21, que la situation ne pouvait *être dominée que par la persuasion* [1].

En attendant l'organisation de la Commune, qui devait être élue le 26, le Comité central, resté provisoirement à la tête de l'insurrection victorieuse, confia, le 24, les pouvoirs militaires à Brunel, à Eudes et à Duval. Brunel était un ancien officier de cavalerie, condamné à deux ans de prison, le 11 février 1871, pour usurpation du titre et des fonctions de général. Eudes, ancien élève en pharmacie, avait été condamné à mort par un conseil de guerre, pour avoir pris part, le 14 août 1871, à l'attaque de la caserne des sapeurs-pompiers de la Villette; et quant à Duval, il sera pris et fusillé, lors de la sortie du 5 avril 1871.

[1] *Journal officiel* du 23.

Le 26 mars, le conseil municipal fut élu. Il comprenait quatre-vingt-dix membres. Sur la proposition d'Eudes, et dès sa première séance, ce conseil municipal prit le titre de Commune de Paris. Voici les noms de ses membres :

Amouroux.
Adam (démissionnaire).
Arnaud (Antoine).
Arthur Arnould.
Allix.
Assi.
Avrial.
Andrieux.
Arnold.
Barré (démissionnaire).
Brelay (démissionnaire).
Blanchet.
Beslay.
Brunel.
Babick.
Bergeret.
Billioray,
Bouteiller (démis.).
Blanqui (détenu).
Briosne (a refusé).
Chéron (démissionnaire).
Clémence.
Champy.
Chardon.
Clément (J.-B.).
Chalain.

Clément (Victor).
Cluseret.
Courbet.
Demay.
Dupont.
Desmarest (démissionnaire).
Duval.
Decamp.
Dereure.
Durand.
Delescluze.
Eudes.
Ferry (démissionnaire).
Fortuné (Henry).
Fruneau (démissionnaire).
Frankel (Léo).
Ferré.
Flourens.
Gerardin.
Goupil (démissionnaire).
Gambon.
Geresme.
Gerardin (Charles).
Grousset (Paschal).
Garibaldi (a refusé).
Jourde.

Johannard.
Loiseau (démissionnaire).
Lefrançais.
Ledroit.
Leroy (démissionnaire).
Lefèvre (idem).
Langevin.
Lonclas.
Longuet.
Meline (démissionnaire).
Murat (idem).
Mortier,
Meillet (Léo).
Martelet.
Marmottan (démissionnaire).
Malou.
Miot (Jules).
Nast (démissionnaire).
Ostyn.
Oudet.
Protot.
Puget.
Pillot.
Pyat (Félix).
Philippe.

Parent (Ulysse) (démis.).
Parisel.
Pottier.
Pindy.
Rogeard,
Regère.
Robinet (démissionnaire).
Ranc idem.
Ranvier.
Rigault (Raoul).
Rastoul.
Seraillier.
Sicard.
Tirard (démissionnaire).
Tridon.
Theisz.
Trinquet.
Urbain.
Vaillant.
Verdure.
Varlin.
Vallès (Jules).
Vermorel.
Vésinier.
Viard.

Aux termes d'une déclaration insérée au *Journal Officiel* du 4 et du 6 avril, les membres de la Commune se réunissaient tous les jours, à dix heures du matin, à l'Hôtel-de-Ville, où les diverses commissions se tenaient en permanence. Une commission générale, embrassant tous les services, fut remplacée, le 20 avril, par la nomination de neuf délégués responsables, chargés chacun d'un service, et qui furent :

*A la guerre* .......... Cluseret.
*Aux finances* .......... Jourde.
*Aux subsistances* ....... Viard.
*Aux relations extérieures*. Paschal Grousset.
*A l'enseignement* ....... Vaillant.
*A la justice* ............ Protot.
*A la sûreté générale*.... Raoul Rigault.
*Au travail et aux échanges* Frankel.
*Aux services publics*..... Andrieu.

On sait ce qu'était Cluseret. Ancien démissionnaire de l'armée française, naturalisé Américain, compagnon de Garibaldi, mêlé, après le 4 Septembre, aux désordres de Lyon et de Marseille, il fut nommé à la Commune, chargé de la direction de la guerre, puis arrêté sous l'accusation d'avoir voulu livrer

Paris à M. Thiers, moyennant dix millions; finalement rendu à la liberté, et condamné à mort par contumace, le 30 août 1871.

Jourde, fils de commerçants de Montauban, avait lui-même fondé une maison de commerce à Paris. Arrêté après la Commune et traduit devant le conseil de guerre, il fut condamné à la déportation et envoyé, en juin 1872, à la Nouvelle-Calédonie.

Paschal Grousset, fils d'un honnête principal de collége, et cause de la mort de Victor Noir, qu'il avait envoyé comme l'un de ses témoins au prince Pierre-Bonaparte, suivit la fortune de Rochefort, et fit partie de la Commune. Arrêté, le 3 juin 1871, sous des habits de femme, il fut condamné à la déportation dans une enceinte fortifiée.

Vaillant, lettré, docteur ès sciences, membre de l'Internationale, a été condamné à mort par contumace, pour complicité dans l'assassinat des otages.

Raoul Rigault, également lettré, collaborateur de Rochefort à la *Marseillaise*, se fit remarquer par la froide violence de ses opinions démagogiques. Successivement préfet de police, et procureur de la Commune, il fit arrêter Chaudey, l'un des rédacteurs du *Siècle*, le 13 avril, au bureau du journal, et l'ayant fait transférer de Mazas à Sainte-Pélagie, le 19 mai, il le fit fusiller sans jugement, le 23, dans le préau de la prison. Raoul Rigault commanda lui-même, avec le plus féroce sang-froid, le peloton d'exécution. Ce caractère bien connu le fit choisir par Delescluze, pour présider au décret d'exécution des otages rendu le 21 mai. Le 23, il dirigea les incendies de la rue du Bac et de la Croix-Rouge; pris et livré aux troupes le 24 mai, il fut passé par les armes dans la rue Gay-Lussac.

Ainsi, dès le 19 mars, les positions du gouvernement et de la Commune étaient respectivement prises. Le gouvernement confiait au maréchal de Mac-Mahon, rentré la veille de captivité, la réorganisation et le commandement de l'armée, qui devait réduire Paris, dominé par la commune ; et celle-ci, ayant choisi pour généraux Bergeret et Flourens, se tenait sur la défensive. Bergeret, ancien sous-officier, devenu successivement typographe, commis de librairie, et, dit-on, chef de claque à un théâtre, enfin garçon d'écurie dans un hôtel du Faubourg-Saint-Germain, fut condamné à mort, le 19 mai 1872, comme accusé de l'incendie des Tuileries et de la bibliothèque du Louvre. Flourens, nature ardente, brave jusqu'à la témérité, est le seul de tous les révolutionnaires qui combattra loyalement de sa personne. Il fut tué à Chatou, le 3 avril, à la suite de la sortie qu'il avait tentée pour s'emparer du mont Valérien.

Le 3 avril, la lutte armée commença ; elle va se continuer pendant cinquante-cinq jours, jusqu'au 28 mai ; l'armée entrera le 22, grâce au concours inattendu d'un conducteur des travaux de Paris, nommé Ducatel, qui signala aux troupes l'abandon fait par les insurgés de la porte d'Auteuil ; mais Paris, pris par le sud-ouest, dut être enlevé quartier par quartier, et les derniers coups furent portés parmi les tombes du Père-Lachaise.

Nous ne raconterons pas la lutte militaire. Elle est tout entière dans le résultat, qui fut sanglant pour l'armée, mais surtout pour les troupes de la Commune.

Nous croyons seulement nécessaire d'esquisser rapidement les travaux intérieurs de cette Commune de Paris, et de dégager de ses actes le but qu'elle poursuivait.

La Commune voulait s'emparer de Paris, où seraient concentrés tous les services ; elle prétendait gouverner la France, comme les hommes du 4 Septembre l'avaient gouvernée. Toute proportion gardée entre Cluseret et M. Trochu, entre Paschal Grousset et M. Jules Favre, entre Jourde et M. Ernest Picard, entre Protot et M. Emmanuel Arago, et la distance n'était pas incommensurable, la Commune et le 4 Septembre étaient deux crimes analogues, commis envers la nation, et un égal attentat à sa liberté et à sa dignité. Les seuls qui n'eussent pas une situation nette envers la Commune, c'étaient M. Jules Favre, M. Picard, M. Jules Simon, qui la combattirent. Ils étaient des insurgés du premier degré, ayant montré le chemin aux insurgés du second.

C'est à peu près ainsi que la Commune le comprit, car, dès le 3 avril, elle mit en accusation MM. Thiers, Jules Favre, Picard, Dufaure, Jules Simon, Pothuau, et déclara leurs biens confisqués. Toutefois, ce ne fut que le 12 mai que la maison de M. Thiers fut démolie, en exécution d'un décret du Comité de Salut public. Ce fut le citoyen Fontaine, directeur des domaines, qui présida à l'opération. Elle commença solennellement à 4 heures, en présence d'une délégation de la Commune. Une commission de cinq membres, comprenant Courbet, Demay, Paschal Grousset, Clémence et Félix Pyat, fut chargée de veiller à la conservation et à l'enlèvement des objets d'art et des papiers, qui furent transportés au Garde-Meuble et à la Sûreté générale.

On sait que l'Assemblée nationale indemnisa largement M. Thiers, et au prix d'un million passé, de la perte de sa maison, qui n'était qu'une bicoque en moellons et en plâtre ; et l'on peut dire que seul, avec les princes d'Orléans, il a augmenté sa fortune avec la révolution du 4 Septembre.

Nous avons déjà dit que la constitution de la Commune de Paris ne fut autre chose que la prise de possession du pouvoir, avec le dessein avoué de gouverner la France. On ne saurait contester l'énergie militaire qu'elle montra ; mais les hommes qui la dirigeaient, Delescluze, Raoul Rigault, Rochefort, Vermorel, Félix Pyat, Paschal Grousset, Jules Vallès, étaient des journalistes d'ordre inférieur, usés, sans action sur le public intelligent, grisés de démagogie, absolument étrangers à la politique, et qui ne surent délibérer ou exécuter que des niaiseries ou des crimes. C'est ainsi que le Conseil de la Commune délibéra gravement l'abolition des titres de noblesse, des armoiries, des livrées, des décorations, de la Légion d'honneur; la légitimation par l'État de tous les enfants naturels ; l'autorisation aux filles et aux garçons de se marier à dix-huit ans, sans le consentement de leurs parents et sans formalités d'aucune sorte, autre que la déclaration faite au magistrat municipal [1]; la séparation de l'Église et de l'État, la supression du budget des cultes et la vente des églises [2]. Au nombre de ces démonstrations absurdes et sans portée, doit se placer l'auto-da-fé de la guillotine devant la statue de Voltaire, exécuté le 9 avril; acte d'autant plus dépourvu de signification et de bon sens, qu'en supprimant l'assassinat par l'échafaud, la Commune conservait l'assassi-

---

[1] *Les 31 séances officielles de la Commune*, p. 239.
[2] *Ibid.*, p. 167. *Officiel* du 3 avril.

nat par la fusillade, et que les imbéciles qui honoraient la philanthropie de Voltaire, en brûlant la guillotine, ignoraient qu'il avait possédé des fourches patibulaires à son château seigneurial de Ferney.

S'occuper de pareilles choses, lorsque la question de vie ou de mort était pendante aux fortifications et pouvait, du soir au matin, être résolue contre les hommes de la Commune, était la marque d'un manque absolu d'intelligence ; mais deux actes infâmes prouvèrent encore que ces hommes n'avaient ni la fibre nationale, ni la fibre humaine.

Le premier de ces actes fut le décret du 5 avril, qui instituait les otages [1] ; le second fut le décret du 12, qui ordonnait la destruction de la colonne.

S'en prendre à des innocents, absolument étrangers à la guerre civile ; arrêter l'éloquent et vénérable Mgr Darboy, archevêque de

---

[1] *Journal officiel* du 6 avril.

Paris ; le respectable M. Deguerry, curé de la Madeleine ; M. le président Bonjean ; monseigneur Surat; le Père Captier et ses collaborateurs de l'école d'Arcueil, les Pères Cotherault, Chateigneret, Bouvard, Gauquelin ; leur adjoindre des prêtres inoffensifs, des gendarmes, vieux soldats irréprochables ; les faire mourir cruellement, sous prétexte de se venger des troupes de Versailles, et livrer leurs cadavres mutilés aux outrages d'une vile et féroce canaille, c'est montrer à quel degré d'abrutissement les doctrines de l'athéisme et de la démagogie peuvent abaisser la lie des grandes villes. Le décret relatif aux otages portait que la Commune ferait fusiller trois de ces hommes innocents, pour chaque partisan de la Commune qui serait tué.

Mais l'idée de détruire la colonne Vendôme, qui avait été émise par le *Journal des Débats*, ne pouvait procéder que d'une haine aveugle et violente contre l'Empire, et d'un manque de patriotisme assez complet pour porter à supprimer l'expression de la plus populaire et de la plus vénérée des gloires du pays.

Voici l'inepte décret qui ordonnait cette profanation :

## « LA COMMUNE DE PARIS,

« Considérant que la colonne impériale de la place Vendôme est un monument de barbarie, un symbole de force brute et de fausse gloire, une affirmation de militarisme, une négation du droit international, une insulte permanente des vainqueurs aux vaincus, un attentat perpétuel à l'un des trois grands principes de la République Française, la Fraternité,

« Décrète :

« *Article unique* : La colonne de la place Vendôme sera démolie. »

Sacrifier le trophée des glorieux soldats de la République et de l'Empire à la *Fraternité universelle,* huit jours après que l'armée prussienne avait campé aux Champs-Elysées ; traiter de symbole de *Force brute* le monument élevé à nos victoires, au moment même où les victoires des Allemands nous coûtaient cinq milliards et deux provinces, c'était odieux et grotesque ; et mille fois plus grotesques encore étaient les journalistes de rebut et les rapins idiots qui osaient faire à la France de tels outrages.

L'attentat fut accompli le 8 mai, à cinq heures et demie du soir, en présence d'un grand nombre de francs-maçons, d'un public spécial muni de cartes, et sous la direction d'un comité en écharpes rouges.

Après cinquante jours de siége et divers combats autour de l'enceinte, le bruit se répandit inopinément, le 22 mai, vers neuf heures du matin, que les troupes venaient d'entrer dans Paris. C'était vrai. M. Thiers ne songeait à une attaque décisive que dans quatre ou cinq jours. Mais un employé subalterne de la voirie, nommé Ducatel, s'étant aperçu que la porte fortifiée d'Auteuil se trouvait momentanément abandonnée par les Fédérés, fit des signes qui furent aperçus des assiégeants; les troupes s'avancèrent, franchirent l'enceinte sans coup férir; en très-peu de temps, elles furent maîtresses des hauteurs du Trocadéro; et de là, se jetant avec impétuosité sur le Champ-de-Mars et sur le quartier des Batignolles, elles forcèrent les insurgés à battre en retraite, en remontant le cours de la Seine.

Après l'entrée des troupes dans Paris, il y eut encore six mortelles et effroyables journées de lutte acharnée, pendant lesquelles les Fédérés, jouant de leur reste, reculèrent, en combattant, jusqu'au cimetière du Père-Lachaise, qui fut pris le 28.

Le 23, vers quatre heures du soir, l'incendie des maisons et des monuments commença;

le 25, les otages furent massacrés dans la rue Haxo.

Les flammes du Conseil d'Etat, du ministère des Finances, des Tuileries, du Palais-Royal, de l'Hôtel de Ville, des docks de la Villette s'élevaient si haut, qu'à Saint-Michel, à Brétigny, à Montlhéry, c'est-à-dire *à six et à sept lieues de Paris, on pouvait lire à la lueur de l'incendie*. C'est un journaliste parisien présent sur les lieux qui l'affirme[1].

Quoique nous ayons déjà donné un aperçu général des massacres opérés par la Commune, le légitime intérêt qui s'attache aux victimes exige que nous en donnions le détail et, autant que possible, les noms.

Les massacres commencèrent le 23 mai, et se reproduisirent tous les jours jusqu'au 27, inclusivement.

Le 23, vers 11 heures du soir, M. Chaudey, républicain, rédacteur du *Siècle*, fut

[1] *Journal d'un Parisien*, t. II, p. 441.

fusillé à Sainte-Pélagie, avec les gardes républicains Capdevielle et Pacate. Raoul Rigault commanda lui-même le feu.

Le 24, à la grande Roquette, entre sept heures et demie du soir, furent fusillés : Monseigneur Darboy, archevêque de Paris, M. le président Bonjean, M. Deguerry, curé de la Madeleine, le Père Clerc, le Père Allard et le Père Ducoudray.

Le 25, treize dominicains ou employés laïques furent massacrés à l'avenue d'Italie ; c'étaient, le Père Captier, prieur, le Père Gotherault, le Père Chateigneret, le Père Bouvard, le Père Delorme, le Père Gauquelin ; Gros, Cheminal, Marcel, domestiques ; Volant, Catala, surveillants ; Duitroy, infirmier ; Petit, commis.

Le 26 mai eut lieu le grand massacre de la rue Haxo. On y tua trente-cinq gendarmes, dix prêtres ou religieux, et deux laïques.

Le 27, il restait, et les fédérés se préparaient à égorger, savoir : à la grande Roquette, trois cent quinze otages ; à la petite Roquette, mille soldats ou sergents de ville. Grâce au trouble que l'approche de l'armée, cheminant incessamment vers les quartiers de l'Est, jetait parmi les fédérés, ces victimes vouées à la mort se révoltèrent et s'échappèrent. Quatre seulement périrent : Monseigneur Surat, premier vicaire général de l'archevêché ; l'abbé Bécourt, curé de Bonne-Nouvelle ; le Père Houillon, des missions étrangères, et M. Chaulieu, employé à la préfecture de police.

La lutte cessa, et la Commune fut définitivement vaincue le 28, au milieu des tombes du Père-Lachaise.

Cette lutte avait été effroyable. L'armée y perdit de 4 à 5,000 hommes, et l'on croit généralement qu'il y eut 25,000 insurgés tués ou fusillés.

Au lendemain de la victoire de l'ordre sur le crime, l'expiation et la justice commencèrent. On arrêta et l'on amena successivement devant les conseils de guerre 46,835 individus, dont 875 femmes.

Il y eut, en tout, 10,137 condamnations, parmi lesquelles les plus graves se décomposent ainsi :

A mort, 95 présents, 263 contumaces ; dont 8 femmes.

Aux travaux forcés, 251 présents, 381 contumaces ; dont 29 femmes.

A la déportation dans une enceinte fortifiée, 1,150 présents, 2,820 contumaces ; dont 20 femmes.

A la déportation simple, 2,417 présents, 90 contumaces ; dont 8 femmes.

A la détention, 1,244 présents, 22 contumaces ; dont 8 femmes.

A l'emprisonnement, 2,896 présents, 29 contumaces ; dont 65 femmes.

Au bannissement, 322 présents.

Tels furent, avec deux provinces perdues, et cinq milliards payés, les résultats qu'amena l'odieuse révolution du 4 septembre, faite pour procurer des places à un millier d'ambitieux.

## III

Ainsi, grâce à l'ancienne armée revenue des prisons de l'ennemi, réorganisée sous la direction du maréchal de Mac-Mahon, et commandée par lui, M. Thiers resta maître de la situation, soumit Paris et exerça les grands pouvoirs que lui avait confiés l'Assemblée nationale.

A ce moment, deux choses étaient devant lui : un devoir et une mission. Le devoir, c'était d'exécuter le traité de paix, signé à Versailles, le 26 février, ratifié le 1<sup>er</sup> mars;

la mission, c'était de réorganiser la France, de réparer ses ruines, de panser ses plaies, de rouvrir, par le rétablissement de la confiance, les sources du travail et de la prospérité ; la laissant, dans l'avenir, maîtresse d'elle-même, et libre de choisir ses destinées.

L'article 7 du traité préliminaire de Versailles imposait à la France les conditions suivantes ; elle devait payer :

500 millions dans les trente jours qui suivraient le rétablissement de l'autorité dans la ville de Paris ;

1 milliard dans le courant de 1871 ;

500 millions le 1$^{er}$ mai 1872 ;

3 milliards le 2 mars 1874.

Ces payements devaient être faits en or ou en argent, ou en billets des Banques d'Angleterre, de Prusse, de Russie, des Pays-Bas ou de la Belgique, ou enfin en lettres de change négociables, portant des signatures du premier ordre.

Les premiers 500 millions furent payés le 31 mars, deux mois avant la défaite de la Commune.

Grâce au mouvement agricole, commercial, industriel développé sous l'Empire, l'épargne nationale avait été immense, et, au dehors, la confiance qu'inspirait la France était sans bornes. Appuyée sur la situation intérieure et sur la confiance du dehors, la haute Banque put donc jouer sans péril un rôle d'intermédiaire pour notre libération, et les emprunts ouverts, quelque énormes qu'ils fussent, furent toujours couverts, et au delà, de telle sorte que la libération du territoire put être anticipée d'une année, au grand étonnement de la Prusse et de l'Europe.

Si M. Thiers s'était borné à se féliciter d'avoir trouvé la France si riche, que, soutenu par ses sacrifices et par son crédit, il avait pu devancer l'accomplissement de ses engagements envers l'Allemagne, il eût exprimé un sentiment vrai ; mais lorsque sa vanité de petit bourgeois l'aveugla au point de lui faire répéter que c'était lui qui avait libéré le territoire, et de donner à penser que c'était à lui que six milliards de capitaux étaient venus s'offrir, l'éclat de rire soulevé par cette jactance exagéra peut-être le châtiment de son orgueil, et porta l'opinion à méconnaître la mesure vraie de ses services.

Pour un esprit droit et patriotique, l'honneur contenu dans la mission de M. Thiers eût été sans bornes.

S'oublier complétement, ne songer qu'au pays; lui donner de bons préfets, de bons juges de paix, de bons maires ; commander une trêve absolue à la politique, faire exclusivement de l'administration ; rétablir la concorde, l'union, la paix entre les diverses opinions, en se montrant tolérant, bienveillant, respectueux, juste envers toutes ; relever la confiance de l'agriculture, de l'industrie, du commerce, des capitaux, en consacrant les plus énergiques et les plus persévérants efforts au maintien de l'ordre et de la sécurité; imposer à toutes les doctrines politiques l'ajournement de leurs prétentions et de leurs espérances, jusqu'à ce que la France refaite, ayant repris ses forces, ayant réfléchi sur ses malheurs, fût en état de prendre librement, en connaissance de cause, un parti définitif sur le gouvernement le plus conforme au vœu ou à l'intérêt général; — c'était un rôle pour lequel l'histoire n'aurait pas eu assez d'éloges, l'avenir assez de gloire, le pays assez de bénédictions.

Qui eût conduit ainsi la France trois ou quatre années eût été son maître, son maître pour sa vie entière, et un modèle honoré pour ses successeurs.

Mais, pour jouer un pareil rôle, il eût fallu un grand caractère. M. Thiers n'est qu'un petit esprit, affolé par l'incurable prurit du pouvoir. M. Thiers a la rage de gouverner, comme Perrin Dandin avait la rage de juger.

Chose étrange, cet homme, pour lequel la domination c'est la vie, était tombé du pouvoir depuis trente et un ans!

De 1842 à 1848, le long ministère de M. Guizot avait tenu, pendant sept années, M. Thiers éloigné des affaires. Nommé ministre, avec M. Odilon Barrot, de M. Rémusat et M. Duvergier de Hauranne, dans la nuit du 23 au 24 février, il garda un pouvoir nominal jusqu'à deux heures de l'après-midi. En voulant soumettre la monarchie à son ambition, son effort avait été si violent qu'il l'avait brisée.

Du 24 février 1848 au 2 décembre 1851, quatre autres années de chômage ministériel vinrent s'ajouter aux loisirs de M. Thiers; et, du 2 décembre 1851 au 4 septembre 1870, plus de dix-huit années nouvelles le confinèrent dans ce qu'il a appelé ses *chères études*, bien moins chères pour lui que le pouvoir, car, malgré sa prétendue assiduité aux cours scientifiques, il échangea, dès qu'il le pût, les cornues et les télescopes contre un portefeuille.

Or, avoir été privé du bonheur d'être ministre, de 1840 à 1871, pendant 31 ans, et durant les plus belles années de l'existence, c'est-à-dire à partir de l'âge de 43 ans, c'était, pour un homme de l'ambition de M. Thiers, le plus horrible des supplices. La source longtemps espérée et poursuivie dans le désert ne produit pas sur le gosier desséché l'indéfinissable sensation qu'éprouva M. Thiers en recevant, le 17 février 1871, le titre de Chef du pouvoir exécutif, président du Conseil des ministres.

Enfin, il revenait au pouvoir; il présidait des ministres, il nommait des ministres. Il disait *mon ministère*, comme un peu plus tard il dit *mon armée*.

Cette joie incommensurable l'éblouit et l'enivra. Il ne vit plus la France; il ne vit que lui. Comme l'homme de Buffon, il s'écria: « Je sens, je vois, je suis ! » Être le maître fut sa première sensation, le rester fut son premier désir.

Pour rester le maître d'un gouvernement, il fallait en faire un. S'il aidait les légitimistes à rétablir Henri V, M. Thiers ne pouvait être que son premier ministre. S'il aidait les princes d'Orléans à rétablir la monarchie parlementaire, il ne pouvait que présider les conseils du nouveau roi. S'il établissait la République, M. Thiers pouvait en être le président, et, avec un peu d'habileté et de sagesse, terminer sa carrière comme chef d'État.

Cette ambition fut le mobile de sa conduite. Il la dissimula d'abord, donnant, comme on l'a vu, sa parole d'honnête homme qu'il rendrait le pouvoir dans la forme où il l'avait reçu; mais son désir de faire la République pour la présider ne tarda pas à se révéler par son entente avec les républicains et par la protection à peine dissimulée dont il couvrit les crimes de quelques-uns d'entre eux. Ce n'est qu'après sa chute que la justice put poursuivre M. Ranc. Mais s'il est dans la nature de M. Thiers d'ambitionner et de poursuivre la possession du pouvoir, il est dans sa nature d'être incapable de le conserver.

Sous la monarchie de 1830, M. Thiers fut deux fois président du Conseil des ministres, et, ni la première fois, ni la seconde, il ne put le rester plus de sept ou huit mois.

En effet, nommé ministre des affaires étrangères et président du Conseil le 22 février 1836, il tomba le 6 septembre, après moins de sept mois d'exercice.

Nommé de nouveau ministre des affaires étrangères et président du Conseil le 1<sup>er</sup> mars 1840, il tomba le 29 octobre, après avoir gardé le pouvoir moins de huit mois.

Il en sera de même sous la République. Les luttes, les embarras provoqués par sa personnalité passionnée, intolérante, ne lui permettront jamais de traverser une année sans une crise.

Nommé chef du *Pouvoir exécutif*, le 17 février 1871, il sentit bientôt la nécessité d'une autorité plus nette, plus définie, lui donnant sur l'Assemblée, qui lui échappait, une action plus efficace ; et, le 30 août suivant, la connivence de quelques compères fit voter ce qu'on appela la *charte Rivet*. M. Thiers fut investi, pour deux années, selon le mot de M. Louis Veuillot, du titre de président définitif de la République provisoire. Comme chef du pouvoir exécutif, il avait duré six mois. Combien de temps put-il gouverner sans difficultés énormes, après avoir été fait, le 30 août, président de la république ? Cinq mois à peine ; car, le 20 janvier 1872, il donna sa démission, qui ne fut pas acceptée par l'Assemblée.

Et quelle fut la durée de ce retour de confiance de l'Assemblée, refusant sa démission le 20 janvier 1872? Cinq mois; car, le 10 juin 1872, M. Thiers, voyant son autorité de plus en plus contestée et affaiblie, fit encore une question de sa présence au pouvoir du vote de la loi militaire.

A partir de ce moment, M. Thiers ne fut plus maintenu à la présidence de la république par la difficulté de le remplacer. Sa loquacité sénile absorbait la tribune; à la prétention de tout discuter il joignait la prétention de tout imposer. Cette oscillation entre le succès et la chute dura encore ONZE mois; mais la prétention avouée d'imposer la république, après avoir prouvé, par son échec devant M. Barodet, que sa direction n'était pas acceptée par les républicains, accéléra sa chute définitive. Le 24 mai 1874, après un vote de blâme de l'Assemblée, il donna sa démission, qui fut acceptée avec empressement.

Une heure après, il était remplacé par M. le maréchal de Mac-Mahon, duc de Magenta, le compagnon de gloire et d'infortune de l'Empereur.

FIN

# TABLE DES MATIÈRES

CHAPITRE PREMIER. — LE CRIME. La résolution du 4 Septembre avait été préméditée et délibérée. — Tentative du 9 août. — Elle est reprise le 8 septembre. — Nouvelles du désastre de Sedan. — Séance de nuit. — Réunion des révolutionnaires. — Connivence du général Trochu. — Attitude patriotique de l'impératrice. — Invasion préméditée du Corps législatif. — Retrait des troupes consenti par les questeurs. — Les bandes vont à l'Hôtel de Ville et y proclament la République. — Le général Trochu viole ses serments, et va présider le nouveau gouvernement. — Réunion et protestation des députés. — M. Glais-Bizoin met les scellés sur les portes du Corps législatif, pages.................................... 1 à 48

CHAPITRE DEUXIÈME. — L'ORGANISATION DU DÉSORDRE. — Le gouvernement de l'Hôtel de Ville est débordé. — Rochefort lui est adjoint par l'émeute. — Désorganisation de la préfecture de police par M. de Kératry. — Licenciement des sergents de ville. — Révocation des commissaires de police. — Nomination des maires. — Ils sont choisis par M. Floquet et M. Gambetta. — M. Etienne Arago maire central. — Enrôlement de la garde nationale. — Elle est portée à 260,000 hommes. — On y a enrôlé 30,000 repris de justice. — Des assassins sont chefs de bataillon. — Désordre et gaspillage. — Mission de M. Thiers à l'étranger, pages..................... 49 à 73

CHAPITRE TROISIÈME. — La lutte contre l'impossible. — Il faut rassurer la France et arrêter l'ennemi. — Le gouvernement ne peut ni l'un ni l'autre. — Il ne veut pas faire des élections générales. — Pourquoi? — Il avoue que la résistance à la Prusse est impossible. — Entrevue de Ferrières. — M. Jules Favre trompe la France. — M. de Bismark n'avait demandé ni l'Alsace ni la Lorraine. — Le mensonge de M. Jules Favre pousse à la guerre. — Preuves officielles de ce mensonge, pages.................... 75 à 112

CHAPITRE QUATRIÈME. — La dictature de l'impuissance. — La délégation de Tours prend sur elle d'annoncer les élections générales pour le 16 octobre. — Résistance du gouvernement de Paris. — Personnel de la délégation. — Gambetta est envoyé à Tours pour empêcher les élections. — Il s'empare de toute l'autorité. — Il y a dès lors deux gouvernements séparés et rivaux. — Celui de Paris est débordé. — Sa mollesse, son impuissance. — Désordres dans Paris. — Insurrections successives. — Insurrection du 31 octobre. — Le gouvernement reste prisonnier à l'Hôtel de Ville. — Sa délivrance. — Le gouvernement se fait plébisciter. — Rupture des négociations pour un armistice, commencées par M. Thiers, pages.... ...................... 113 à 178

CHAPITRE CINQUIÈME. — Dictature de M. Gambetta. — Arrivée de M. Gambetta à Tours. — Ses collaborateurs. — Sa politique. — La province ne croyait pas à la possibilité de repousser les Prussiens. Opinion de M. Lannier et du général Faidherbe. — M. Gambetta veut tout sacrifier à la fondation de la République. — Il a peur des élections, que les populations désiraient. — Avis des Préfets. — Antipathies que soulève la république, les populations font des sacrifices énormes et volontaires pour repousser l'ennemi. — M. Gambetta violente l'esprit public. — On dissout les conseils municipaux. — On *fauche* les juges de paix. — Désordres de l'administration républicaine, en province. — M. Esquiros, à Marseille. — M. Duportal, à Toulouse. — Ligues en province. — M. Gambetta les redoute et les dissout. — Craintes que lui inspire M. Thiers. — Il organise la guerre à outrance. — Organisation successive des corps d'armée. — M. Gambetta se fait homme de guerre et général en chef. Tout est subordonné à l'autorité militaire. — Les deux armés de la Loire et l'armée du Nord. — Leurs succès et leurs revers. — Coulmiers, Bapaume, Villersexel, Cosne. — Beaune-la-Rolande, Saint-Quentin, Pontarlier, déroute des uhlans. — La guerre coûtait huit millions par jour. — M. Gambetta veut confisquer la Banque de France et émettre du papier-monnaie. — M. Gambetta, battu par tout, couvre d'injures l'armée de Metz.—Celle-ci s'était incomparablement mieux battue.—Garibaldi en France. — Ennuis qu'il cause. — Les républicains ont les garibaldiens en horreur.— Efforts de M. Gambetta pour tromper l'opinion publique.—Annonces pompeuses d'une fausse victoire. — Singulière bévue géographique. — Translation à Bordeaux du gouvernement de Tours.— Désillusion. —Signature de l'armistice du 28 janvier par M. Jules Favre. — Désespoir de M. Gambetta, ses essais de résistance et sa chute, pages......... 179 à 278

CHAPITRE SIXIÈME. — Principat de M. Thiers. — Caractère de M. Thiers.—Son rôle depuis le 4 Septembre. — Il était devenu l'espoir des conservateurs. — Élections précipitées du 8 février. — L'Assemblée est élue sans réflexions et sans programme. — Les bonapartistes avaient été déclarés inéligibles. — Elle fut un réceptacle de haines aveugles contre l'Empire. — Elle ouvre ses séances le 17 février. — M. Thiers est nommé *Chef du Pouvoir exécutif*. — Composition de son premier ministère. — Sa déclaration de principes. — Ratification par l'Assemblée des préliminaires de paix. — M. Thiers prépare une déclaration de déchéance de l'Empire. — Séance officielle du 1er mars. — Courage de M. Conti. — Résolution de l'Assemblée. — L'Assemblée décide, le 10 mars, qu'elle transportera ses séances à Versailles. — Elle y reprend ses travaux le 20. — Insurrection de Paris. — Organisation de la Commune, ses membres, ses desseins, ses théories. — Siége de Paris. — Monstruosité de ses actes. — La colonne renversée. — Les otages arrêtés et fusillés. — Paris incendié. — Les troupes entrent dans Paris le 22 mai. — Dates et détails. — Pertes de l'armée et des insurgés. — Condamnations. — Maître de Paris, M. Thiers gouverne. — Grandeur de son rôle. — Il ne le comprend pas. — Égoïsme et oscillations de sa politique. — Son autorité morale est ébranlée. — Il est renversé et remplacé par le maréchal de Mac-Mahon. 279 à 354

3087.75. — Boulogne (Seine). — Imprimerie Jules Boyer.

# A LA MÊME LIBRAIRIE

## OUVRAGES DE M. PAUL DE CASSAGNAC :

Histoire Populaire illustrée de l'Empereur Napoléon III. Deux beaux volumes grand in-8° raisin. Prix, *franco*. . . . . . . . . . . . . . . . . . . . 20 »

Histoire abrégée de l'Empereur Napoléon III. In-12. Prix, *franco*. . . . . . . . . . . . . . . » 50

   L'Aigle, Almanach 1875. . . . . . . . . . . . . » 50

   L'Aigle. Almanach 1876. . . . . . . . . . . . . » 50

   La Revanche du Scrutin. In-12. . . . . . . » 25

   Empire et Royauté. In-8. . . . . . . . . . . . » 50

2129.75. — BOULOGNE (SEINE). — IMPRIMERIE JULES BOYER

www.ingramcontent.com/pod-product-compliance
Lightning Source LLC
Chambersburg PA
CBHW070435170426
43201CB00010B/1106